DANILO MESQUITA

prefácio por **DOMINGOS JARDIM**

NO TEMPLO E NAS CASAS

SEGREDOS PARA O AVANÇO DA IGREJA

DANILO MESQUITA

prefácio por **DOMINGOS JARDIM**

NO TEMPLO E NAS CASAS
SEGREDOS PARA O AVANÇO DA IGREJA

Todos os direitos deste livro são reservados pela Editora Quatro Ventos.

Editora Quatro Ventos
Rua Liberato Carvalho Leite, 86
(11) 3746-8984
(11) 3746-9700

Proibida a reprodução por quaisquer meios, salvo em breves citações, com indicação da fonte.

Editor Responsável: Renan Menezes
Equipe Editorial:
Sarah Lucchini
Victor Missias
Eliane Viza B. Barreto
Diagramação: Vivian de Luna
Coordenação de projeto gráfico:
Big Wave Media
Design da Capa:
Giovanni Lanigra

Todas as citações bíblicas foram extraídas da Nova Versão Internacional (NVI), salvo indicação em contrário.

Citações extraídas do site:
https://www.bibliaonline.com.br/nvi.
Acesso de 10 a 28 de fevereiro.

1º Edição: Março 2019

Ficha catalográfica elaborada pela bibliotecária: Geyse Maria Almeida Costa de Carvalho CRB 11/973

M581t
Mesquita, Danilo

No templo e nas casas / Danilo Mesquita. – São Paulo: Quatro Ventos, 2019
216 p

ISBN: 978-85-54167-11-0

1. Religião. 2. Desenvolvimento cristão. I. Título

CDD 233.7
CDU 2-1

SUMÁRIO

Introdução 7

Capítulo 1
Igreja: Uma visão de Deus para o mundo 11

Capítulo 2
Aprendendo a amar a Noiva de Cristo 33

Capítulo 3
As células do Corpo de Cristo 53

Capítulo 4
Uma liderança inabalável 71

Capítulo 5
Os pequenos começos 103

Capítulo 6
O teste do tempo e da perseverança 119

Capítulo 7
O milagre da multiplicação 129

Capítulo 8
Os cincos sentidos da supervisão 155

Capítulo 9
A importância do discipulado nos pequenos grupos ... 179

Conclusão 211

INTRODUÇÃO

A Igreja de Cristo é o único agente legal do Reino de Deus na Terra. E nós, como membros desse Corpo, fazemos parte disso, podendo manifestar esse Reino em qualquer lugar e momento para cumprir o nosso propósito. Seja nas casas, nos templos ou palácios de governo, todo lugar que a planta dos nossos pés toca está sujeito a se tornar uma extensão da Igreja de Cristo, e, por consequência, uma embaixada do Céu na Terra. Nesta obra, você entenderá que a Igreja não se trata de um edifício ou uma organização idealizada por homens. Se ela o fosse, já teria sido destruída ou desaparecido há muito tempo. O que não é o caso. A História, nos atesta que o Corpo de Cristo é um movimento implacável que começou há mais de dois mil anos e jamais parou de crescer. Milhares de governos e correntes de pensamento anticristão já surgiram e desapareceram ao longo da História, porém, a Igreja e a Palavra de Deus permanecem inabaláveis até os dias de hoje. Por mais que o mundo tenha tentado, a Igreja nunca parou de avançar. E ela teve sua origem em pequenas reuniões dentro dos lares, onde Jesus exercia o ministério e expandia a Sua influência na sociedade da época. Era dentro das casas que o Mestre mais pregava, ensinava e manifestava o poder sobrenatural de Deus. Nesses espaços de intimidade e comunhão, Ele anunciava a chegada do Seu Reino eterno em nosso meio e discipulava pessoas que serviriam como embaixadoras do Céu. A Igreja Primitiva foi concebida dentro dos lares e, por meio deles, expandiu-se até influenciar os templos, escolas e palácios na sociedade. À vista disso, podemos concluir que o modelo de crescimento celular é uma estratégia bíblica e celestial para expandirmos o Reino de Deus por todo o mundo, partindo das casas.

A fim de capacitar a Igreja para viver esse mesmo modelo de forma saudável e sustentável, escrevi este livro, tendo como pilares a teoria e a prática. Nele, compartilho as principais lições e princípios que aprendi ao longo de uma década liderando o desenvolvimento e expansão de células na Primeira Igreja Batista de Marília.

Sinceramente, eu acredito que o seu encontro com este livro não é obra do acaso. Pois ele irá expor as revelações básicas acerca da natureza de Deus e da Igreja, despertando mais paixão pelo próximo e o desejo de multiplicar tudo aquilo que Deus lhe confiar. Porém, vale lembrar que todas as ideias compartilhadas nestas páginas foram inspiradas pelo Espírito Santo e, por isso, carregam não apenas sabedoria, mas poder. Essas verdades bíblicas lhe servirão como ferramentas para construir um ministério sólido e frutífero, tanto nas casas como em sua igreja local. Tenho convicção de que os ensinamentos registrados e os testemunhos compartilhados renovarão o seu amor por Jesus e Sua Noiva, a Igreja. Além disso, cada palavra carrega o peso de muitos períodos de oração e jejum. Creio que o que está aqui não apenas alimentará a sua alma, mas também o seu espírito.

Dessa forma, ao final desta leitura, você se achará pronto para experimentar a realidade da Igreja do primeiro século. Se colocar em prática aquilo que compartilho aqui, sempre sendo conduzido pelo Espírito Santo, garanto que você viverá um crescimento exponencial muito maior do que pediu ou imaginou. Deus quer usá-lo para levar o Reino de Deus a cada lar deste mundo e fazer de cada casa uma embaixada do Céu na Terra. O Rei e o Seu Reino estão à porta, prontos para entrar em sua casa. Você está pronto para abrir a porta?

> Eis que estou à porta e bato. Se alguém ouvir a minha voz e abrir a porta, entrarei e cearei com ele, e ele comigo.
>
> (Apocalipse 3.20)

CAPÍTULO UM

IGREJA: UMA VISÃO DE DEUS PARA O MUNDO

Toda vida está destinada à comunhão. De Gênesis a Apocalipse, podemos perceber que nada no Universo foi feito para existir por si mesmo. Tudo o que Deus criou está interconectado a algo ou alguém. O nosso próprio Criador, o único ser que é autossuficiente em toda existência, revela em Sua natureza celestial, como um Deus triúno, que a comunhão e a unidade são fatores indispensáveis para a vida. A comunhão de Deus Pai, Filho e Espírito resultou na criação de todo o Universo, incluindo os únicos seres vivos que carregam a Sua natureza: nós, Seus filhos.

> Então disse Deus: "Façamos o homem à **nossa** imagem, conforme a **nossa** semelhança. (...) Criou Deus o homem à sua imagem, à imagem de Deus o criou; homem e mulher os criou." (...) Deus os abençoou, e lhes disse: "Sejam férteis e multipliquem-se! Encham e subjuguem a terra". (Gênesis 1.26-28 – grifo do autor)

Por carregarmos em nosso DNA a imagem e semelhança de Deus, nós também carregamos o Seu anseio por nos relacionar como família, para termos comunhão e, dessa maneira, expandirmos o Reino de Deus por todo o mundo. Se nós realmente nos consideramos filhos de Deus, ao recebermos Jesus Cristo como nosso Senhor e Salvador, é impossível não desejarmos fazer parte de algo maior do que nós mesmos, no caso, a representação da família de Deus aqui na Terra: a Igreja.

A Igreja de Cristo não é um prédio ou templo construído por homens. Se ela o fosse, já teria sido destruída há muito tempo. Não se trata de uma instituição que pode ser limitada a um espaço geográfico ou a um período de tempo, mas a um movimento eterno e invencível que se manifesta na forma de um povo apaixonado que reconhece Jesus como Seu Rei e o Céu como sua pátria. A Igreja é a assembleia dos santos, a união daqueles que renunciaram o pecado e se reconciliaram com Deus Pai. Em outras palavras, a Igreja somos nós. E por tal motivo, ela pode cumprir com o seu propósito seja dentro dos grandes templos ou das pequenas casas, seja através da geração dos nossos pais ou dos nossos filhos.

Antes da minha conversão em 2010, minha visão acerca da Igreja era extremamente superficial e preconceituosa. Apesar de ter sido criado em um lar evangélico, eu não gostava de cristãos. Até gostava da figura de Jesus, mas não entendia o propósito da reunião semanal, sempre a mesma coisa, modelo-padrão. Ao meu ver, a igreja era um lugar sem graça, cheio de pessoas religiosas e hipócritas que acreditavam em um Deus que nem se dava ao trabalho de interagir com elas. Por mais que meus pais e amigos de família me convidassem para ir ao um culto, eu preferia viver em festas cheias de bebidas, drogas e promiscuidade. Era muito mais atrativo. E curiosamente, era nessas festas que eu acabava encontrando mais uma justificativa para não me misturar com crentes. Ali eu via vários jovens que se diziam cristãos dando mau exemplo, fazendo tudo que diziam que era pecado. Alguns saíam direto do culto para as mesmas festas que eu. Essas pessoas tinham uma vida dupla, porque viviam com um pé na igreja e o outro no mundo. Toda vez que olhava para elas, eu falava para mim mesmo: "Se for para viver assim, nem preciso de Deus ou de igreja. Por que passar duas horas em um culto para depois parar aqui?". Eu não queria viver dividido, porque sempre fui aquele tipo de pessoa que se doava por inteiro naquilo que acreditava. Se fosse para ir para igreja tinha de ser genuíno. Apenas uma experiência face a face com Deus poderia me convencer de frequentar uma igreja. E eu tenho certeza de que o Senhor estava bem ciente disso. Porque foi em um encontro radical com a presença de Deus que eu me converti e passei a dedicar a minha vida para servir ao Corpo de Cristo.

Aos 18 anos, havia alcançado o ápice da minha vida longe dos propósitos que Deus tinha para mim, tendo sérios problemas com bebidas, drogas e mulheres. Minha própria mãe já não acreditava mais que eu tinha solução, uma vez que havia alcançado a maioridade. Numa última tentativa de trazer sobriedade para minha vida, minha mãe me deu uma carta de presente de aniversário compartilhando algumas verdades sobre como eu era amado por eles e por Deus, mas que eles não podiam mais compactuar com aquele meu estilo de vida. Naquela mesma carta, eu recebi a notícia de que estava sendo "deserdado". Coisas do tipo: "Você não merece me ter como mãe, o seu pai não sabe quem realmente você é". Eu fiquei arrasado. Senti um misto de raiva e tristeza por essa situação por muitos dias. Pensei em mudar, mas por maior que fosse a dor, dar o braço a torcer e ir para igreja não era uma opção para mim. Estava começando a fazer um dinheiro extra trabalhando nas festas, além do meu emprego na oficina mecânica do meu pai, e ainda acreditava que meus pais iam mudar de opinião quando me vissem sendo bem-sucedido financeiramente e feliz naquilo.

Quando chegou o período do Carnaval, decidi participar da organização de uma festa que me renderia um ganho considerável para a minha realidade, mesmo em um curto espaço de tempo como aquele. Contudo, antes mesmo da festa acontecer, tudo tinha começado a dar errado, tive problemas em todos os aspectos, bandas, fornecedores, incluindo o locador do espaço em que faríamos o evento. Pela primeira vez, tive de cancelar uma festa às vésperas do evento. Fiquei muito frustrado. Queria usar aqueles dias de folga para relaxar e curtir a vida. Mas agora estava sem nenhuma opção de programa para aproveitar o Carnaval. A única opção que eu tinha era viajar para um retiro da igreja. E como eu não tinha nada a perder, decidi ir. Mesmo depois que já tinham encerrado as inscrições, abriram uma exceção. Não vou dizer que tive um encontro com Deus nessa viagem, mas durante todos aqueles dias comecei me sentir incomodado porque todas as ministrações estavam despertando em mim um desejo de conhecer mais a Deus. Aos poucos, fui vendo que nem todas as pessoas da igreja eram hipócritas e religiosas, pelo contrário, a maioria delas era muito gente boa, de caráter e honesta. Quando voltei para casa, e fui praticar os velhos hábitos, continuei sendo incomodado. Sentia-me mal, mesmo quando estava sozinho. Aproximadamente dois meses após esse retiro, fui convidado para participar de um evento chamado "Encontro com Deus", apenas para os rapazes. Como a minha experiência na viagem não tinha sido tão ruim, resolvi dar mais uma "chance" para Deus, e lá fui eu novamente. Mal sabia eu que era Deus que estava dando uma chance para mim. Tudo que estava sendo cantado, pregado e ministrado nas reuniões parecia que era o próprio Deus falando comigo sobre o quanto me amava e queria me encontrar. Eu não sabia, mas o Espírito Santo estava confirmando em meu coração que eu precisava me arrepender da vida que levava para começar a viver os sonhos de Deus para mim. Ao final do evento, um apelo foi feito para aqueles que sentiam que queriam aceitar Jesus Cristo como Senhor e Salvador. Mesmo sem saber ao certo o que aconteceria, eu respondi ao apelo e entreguei a minha vida no altar. Eu sabia que precisava mudar. Depois daquilo, senti uma poderosa presença envolver meu corpo e o poder do Espírito Santo me derrubou, fazendo com que eu ficasse desacordado por quase uma hora. Quando levantei, eu senti uma convicção dentro de mim de que havia tomado a melhor decisão da minha vida, e que precisava mudar a partir daquele dia.

O meu primeiro desafio para viver a mudança foi encontrar um porquê forte o suficiente para não me envolver mais com as coisas do meu passado. Eu sabia que tinha de parar de fazer o que eu fazia, mas por qual motivo? Para entrar em uma rotina de ir para o culto todo domingo e fugir do pecado durante a semana? Tinha de haver alguma coisa a mais. Comecei a fazer algo que nunca me imaginei fazendo: orar e buscar a minha motivação em Deus. Pedia a Ele que me mostrasse o caminho para encontrar um propósito pelo qual eu estivesse disposto a dedicar a minha vida. Surpreendentemente, Ele me respondeu mais rápido do que eu imaginava. Algumas semanas após a minha conversão, fui chamado para ir a uma conferência sobre o modelo de igreja em células. Eu nem sabia o que era, mas estava com tanta vontade de descobrir o meu propósito em Deus que me lancei para essa viagem sem saber o que aconteceria. Nessa conferência, encontrei o meu porquê: levar o Reino de

Deus para dentro dos lares. A visão celular mexeu com meu coração, eu podia me imaginar levando a cultura do Reino para os lares da minha cidade e aquilo transformando a vida de milhares de jovens como eu. O que me trouxe mais certeza foi quando, ao final da conferência, visitamos as células em diferentes tipos de lares, dos mais pobres aos mais ricos. Ao entrar em cada casa, éramos constrangidos pelo amor das pessoas e pela presença de Deus que preenchia aqueles lares. Creio que foi nesse dia que me apaixonei de verdade pela Igreja e pela visão celular.

Depois disso, comecei a frequentar mais e a servir na igreja para entender o seu papel na sociedade. Descobri que a palavra "igreja" tem sua origem no termo grego *ekklesia*, que significa "chamados para fora". E é no contexto por trás desse significado que encontramos a visão de Deus para a Igreja e o seu propósito. A primeira vez que Jesus menciona essa palavra nas Escrituras é no evangelho de Mateus:

> Chegando Jesus à região de Cesaréia de Filipe, perguntou aos seus discípulos: "Quem os homens dizem que o Filho do homem é? " Eles responderam: "Alguns dizem que é João Batista; outros, Elias; e, ainda outros, Jeremias ou um dos profetas". "E vocês?", perguntou ele. "Quem vocês dizem que

eu sou? " Simão Pedro respondeu: "Tu és o Cristo, o Filho do Deus vivo". Respondeu Jesus: "Feliz é você, Simão, filho de Jonas! Porque isto não lhe foi revelado por carne ou sangue, mas por meu Pai que está nos céus. E eu lhe digo que você é Pedro, e sobre esta pedra edificarei a minha igreja, e as portas do Hades não poderão vencê-la. (Mateus 16.13-18)

Nessa passagem, Jesus está falando com os seus discípulos numa cidade chamada Cesaréia de Filipe. Tal cidade tinha esse nome porque havia sido construída em homenagem ao imperador César e servia ao império como uma pequena réplica de Roma para emular a cultura dos romanos. Naquela época, o termo *ekklesia* era o mesmo nome atribuído aos grupos de ministros apontados por César para levarem a cultura romana para além das fronteiras do império. Os membros desse grupo eram chamados para viver fora de Roma com o objetivo de atuarem como agentes culturais que consolidariam a expansão do território romano no contexto cultural. Os romanos utilizavam dessa estratégia porque acreditavam que para dominar um território de forma absoluta não bastava só conquistar e ocupar terras, também era necessário estabelecer a cultura do império em todas as áreas de influência da sociedade, destruindo qualquer resquício da cultura dos povos dominados. A *ekklesia* posicionava líderes em áreas, como economia, governo, educação e segurança, para disseminar lei, mentalidade, valores, princípios e costumes do império. A estratégia dos romanos era conquistar todos os povos não apenas através da força e violência, mas através da influência na sociedade. À vista de todo esse contexto, quando Jesus afirma que estabelecerá uma *ekklesia*, ele está dizendo que levantará um grupo de agentes para disseminar e estabelecer a cultura do Reino de Deus na Terra, ocupando as principais esferas de influência da sociedade. Diante dessa passagem, o Senhor nos revela duas coisas muitos importantes acerca da Igreja: o propósito e a fundação.

Ao utilizar o termo *ekklesia,* Jesus comunica aos Seus discípulos que a Sua ideia de Igreja jamais se referia a um grupo de religiosos estudando as Escrituras ou uma reunião de oração. Para Cristo, a Igreja somos nós, embaixadores do Céu na Terra com autoridade legal para prevalecer sobre qualquer resistência, inclusive as forças do Hades (Inferno). O Senhor não só dá autoridade para resistir a qualquer oposição ao avanço do Seu Reino, como também nos dá acesso, para ligar a realidade sobrenatural dos Céus neste mundo natural que vivemos.

Eu lhe darei as chaves do Reino dos céus; o que você ligar na terra terá sido ligado nos céus, e o que você desligar na terra terá sido desligado nos céus. (Mateus 16.19)

Nós somos os agentes legais do Reino neste mundo e podemos manifestá-lo em qualquer lugar para cumprir nosso propósito. Palácios, templos, escritórios, emissoras de televisão, consultórios, auditórios, salas de aula, casas, todo lugar que a planta dos nossos pés toca é passível de se tornar uma embaixada do Reino. Contudo, existe uma condição para que sejamos parte dessa Igreja: entender sob qual fundamento ela está sendo construída. Quando o Mestre diz a Pedro, em Mateus 16.18, " E eu lhe digo que você é Pedro, e sobre esta pedra edificarei a minha igreja", Ele não está dizendo que a pessoa de Pedro será o alicerce da Igreja. A pedra a que Jesus se refere não é o discípulo, mas a revelação que ele recebeu por parte de Deus: Jesus é o Cristo, o filho do Deus vivo. O Mestre nos ensina que a revelação que serviu de fundamento para construir o Seu ministério é a mesma sobre a qual construirá a Sua Igreja.

e o Espírito Santo desceu sobre ele em forma corpórea, como pomba. Então veio do céu uma voz: **"Tu és o meu Filho**

amado; em ti me agrado". Jesus tinha cerca de trinta anos de idade quando começou seu ministério... (Lucas 3.22-23 – grifo do autor)

A revelação de Jesus como o Cristo é a pedra angular da Igreja. Sem ela, jamais teremos a autoridade para prevalecer contra as forças do inferno ou o acesso ao poder sobrenatural do Espírito Santo para ligar os Céus na Terra.

Portanto, vocês já não são estrangeiros nem forasteiros, mas concidadãos dos santos e membros da família de Deus, edificados sobre o fundamento dos apóstolos e dos profetas, **tendo Jesus Cristo como pedra angular**. (Efésios 2.19-20 – grifo do autor)

Conforme a graça de Deus que me foi concedida, eu, como sábio construtor, lancei o alicerce, e outro está construindo sobre ele. Contudo, veja cada um como constrói. **Porque ninguém pode colocar outro alicerce além do que já está posto, que é Jesus Cristo.** (1 Coríntios 3.10-11 – grifo do autor)

Por estarmos alicerçados sobre esta revelação eterna, podemos fazer parte da única instituição que é invencível e eterna no mundo. Não importa quanto a Igreja tenha sido perseguida, difamada ou boicotada ao longo da História. De

Atos até os dias de hoje, ela jamais parou de crescer. Muitos de nós já vimos a ascensão de governos, organizações e empresas multimilionárias e, com o passar do tempo, também testemunhamos a decadência de cada um deles. Tudo o que é criado por mãos humanas tem prazo de validade. Porém, a Igreja é edificada por Deus em comunhão com o Homem. E por essa razão, muitas vezes, testemunhamos o crescimento sobrenatural de igrejas perseguidas e pequenos grupos cristãos ao redor do mundo. Não é o Homem, mas o Senhor que faz a obra crescer. E essa é uma das principais razões do porquê eu amo e acredito no poder da Igreja, seja ela manifestada em grandes templos ou em pequenos grupos! Nós não existimos pela nossa própria força, mas sim porque estamos em comunhão com Ele e com Sua visão para o mundo: Anunciar o Evangelho a todos os povos e nações e expandir o Seu Reino por toda a Terra.

Quando abraçamos a missão de expandir o Reino, inevitavelmente nossa vida passa a ser provada para vermos o quão forte é a motivação do nosso coração. Pessoas com convicções sólidas e uma mentalidade forte inspiram todos à sua volta a serem mais apaixonados, determinados, comprometidos, criativos, excelentes e resilientes. Por isso, eu digo que o nosso maior inimigo na expansão de comunidades não é o Diabo, mas nós mesmos. Se não tivermos claro, em nossas mentes e corações, qual é a motivação por trás do que fazemos, estaremos sempre suscetíveis à tentação de desistir do que Deus nos confiou. Porém, quem tem um porquê forte enfrenta qualquer como. O próprio apóstolo Paulo, o maior missionário e implantador de igrejas da história, nos ensina e encoraja a termos um porquê claro para servir a Deus de todo coração.

> Tudo o que fizerem, façam de todo o coração, como para o Senhor, e não para os homens, sabendo que receberão do Senhor a recompensa da herança. (Colossenses 3.23-24)

O Senhor é a nossa recompensa, porém Ele também faz questão de nos dizer que Ele deseja honrar o serviço daqueles que se doam pelo avanço do Seu reino. Se Deus colocou em seu coração um chamado ministerial, saiba que Ele vai provar o seu porquê e a forma como você encara desconforto, porque sair da nossa zona de conforto faz parte do nosso crescimento em fé, confiança e comunhão com Ele. A forma como nós pensamos influencia na forma como avançamos. Se vivemos debaixo de uma mentalidade de sobreviventes, sempre avançaremos em resposta ao medo, ansiedade e insegurança. Porém, se temos uma mentalidade de filhos de Deus, mentes como a de Cristo, nós avançamos de forma inabalável sempre em obediência à voz de Deus.

Lembro-me que no início da minha caminhada, não conseguia dimensionar onde eu poderia chegar através do poder de Jesus. Não me achava preparado para aceitar o convite que a liderança da minha igreja local me havia feito: liderar um pequeno grupo dentro de uma casa. Pensava que eu não tinha experiência ou teologia suficiente para liderar. Porém, sempre que apresentava essa questão diante do Senhor, Ele falava ao meu espírito que eu deveria ser forte e corajoso, porque Ele estaria comigo. Com fé naquilo que o Senhor colocava em meu coração, comecei a cuidar de um pequeno grupo em janeiro de 2011. O objetivo dos pequenos grupos era levar a presença de Deus e a cultura do Reino para além dos templos, através de pequenas reuniões dentro das casas.

Nós nos reuníamos para adorar a Deus, para ter comunhão com irmãos em Cristo, falar a respeito do que Deus estava fazendo em nossas vidas e orar pela manifestação do poder dos Céus em nossa comunidade. Toda semana, eu tinha a oportunidade de compartilhar o que Deus falava comigo ao ministrar a Palavra de Deus para amigos e visitantes. Conforme via as pessoas que frequentavam nossas reuniões se apaixonarem mais por Deus e compartilharem os testemunhos de como estavam sendo abençoadas pelos nossos encontros, maior se tornava a minha confiança na graça de Deus. Minha insegurança sumia diante da bondade e fidelidade do Senhor. Antes mesmo que eu me desse conta, já desejava expandir as nossas reuniões para abençoar mais famílias. Com o passar dos meses e anos, o ministério que começou com uma dúzia de pessoas se multiplicou em 250 grupos e duas igrejas plantadas em cidades fora de Marília, que era a cidade sede da nossa igreja local. Sobrenaturalmente, o Senhor deu o crescimento. Não foi pela força do meu braço, mas pela Sua graça atuando em mim. Todos nós podemos acessar essa graça. Precisamos apenas crer.

    A realidade é que, em muitos casos, não precisamos que Deus faça algo, porque Ele já fez. Quando Jesus veio ao mundo, Ele nos deu a autoridade do Seu nome, o poder do Seu sangue, as chaves do Seu Reino, a Sua mente e o Seu Espírito. Tudo isso, em concordância com a Sua palavra, nos faz aptos para agir como Ele e superar qualquer obstáculo. Ainda que não achemos que estamos prontos, Ele deixa tudo preparado para começar a boa obra. Digo isso, porque antes mesmo de eu terminar a faculdade de Teologia, o Senhor já havia colocado em meu coração o desejo de servir. E acredito que tanto para mim como para Ele, isso já era o suficiente. Eu não precisei esperar ter um diploma de Teologia em mãos para começar a servir. Eu simplesmente me coloquei à disposição para servir onde precisava de gente. Tudo que eu queria era me conectar e ter comunhão com a minha nova família espiritual. Eu queria agradar ao Senhor servindo ao Seu povo com toda a minha capacidade e amor. Não quero aqui desmerecer o valor das faculdades teológicas. Ao meu ver, buscar capacitação e maior entendimento acerca das Sagradas Escrituras é essencial para o desenvolvimento de todo cristão. Tenho certeza que, se no início da minha jornada cristã, tivesse o entendimento teológico que tenho hoje, poderia ter contribuído muito mais para o avanço do Reino em nossa comunidade. Mas o que desejo destacar aqui é que tudo que precisamos para começar a servir à Igreja e expandi-la é um coração obediente a Deus e disponível ao próximo.

    Em Atos dos Apóstolos, quando o Senhor envia Pedro até à casa do centurião romano Cornélio, um pai de família gentio e temente a Deus, vemos que o Senhor não faz distinção de pessoas. Ele deseja levar as boas novas da Salvação e do Reino para todos que o buscam.

... Pedro subiu ao terraço para orar. Tendo fome, queria comer; enquanto a refeição estava sendo preparada, caiu em êxtase. Viu o céu aberto e algo semelhante a um grande lençol que descia à terra, preso pelas quatro pontas, contendo toda espécie de quadrúpedes, bem como de répteis da terra e aves do céu. Então uma voz lhe disse: "Levante-se, Pedro; mate e coma". Mas Pedro respondeu: "De modo nenhum, Senhor! Jamais comi algo impuro ou imundo! " A voz lhe falou segunda vez: "Não chame impuro ao que Deus purificou". Isso aconteceu três vezes, e em seguida o lençol foi recolhido ao céu. Enquanto Pedro estava refletindo no significado da visão, os homens enviados por Cornélio descobriram onde era a casa de Simão e chegaram à porta. Chamando, perguntaram se ali estava hospedado Simão, conhecido como Pedro. Enquanto Pedro ainda estava pensando na visão, o Espírito lhe disse: "Simão, três homens estão procurando por você. Portanto, levante-se e desça. Não hesite em ir com eles, pois eu os enviei". Pedro desceu e disse aos homens: "Eu sou quem vocês estão procurando. Por que motivo vieram? " Os homens responderam: "Viemos da parte do centurião Cornélio. Ele é um homem justo e temente a Deus, respeitado por todo o povo judeu. Um santo anjo lhe disse que o chamasse à sua casa, para que ele ouça o que você tem para dizer". Pedro os convidou a entrar e os hospedou. No dia seguinte Pedro partiu com eles... (Atos 10.9-23)

Quando o apóstolo Pedro, uma representação de um líder da Igreja Cristo, decide ir até à casa de Cornélio, uma figura profética do mundo em busca de Deus, entendemos que não existem limites para o avanço do Reino, se não a nossa mente humana e nossos preconceitos. Como disse anteriormente, o nosso maior inimigo somos nós mesmos. Aquilo que o Homem considera impuro, indigno ou sinônimo de pecado, não intimida Deus. Porque tudo que o Senhor toca se torna puro e digno. As orações e o coração de Cornélio atraíram Deus para o seu lar. E quando ele decidiu abrir a porta da sua casa para receber a Igreja de Cristo, Deus tocou em sua vida assim como em sua família. Todo o seu passado como gentio se tornou irrelevante diante do amor do Senhor.

Quando Pedro ia entrando na casa, Cornélio dirigiu-se a ele e prostrou-se aos seus pés, adorando-o. Mas Pedro o fez levantar-se, dizendo: "Levante-se, eu sou homem como você". Conversando com ele, Pedro entrou e encontrou ali reunidas muitas pessoas e lhes disse: "Vocês sabem muito bem que é contra a nossa lei um judeu associar-se a um gentio ou mesmo visitá-lo. Mas Deus me mostrou que eu não deveria chamar impuro ou imundo a homem nenhum. Por isso, quando fui procurado, vim sem qualquer objeção. Posso perguntar por que vocês me mandaram buscar?" Cornélio respondeu: "Há quatro dias eu estava em minha casa orando a esta hora, às três horas da tarde. De repente, colocou-se diante de mim um homem com roupas resplandecentes e disse: 'Cornélio, Deus ouviu sua oração e lembrou-se de suas esmolas. Mande buscar em Jope a Simão, chamado Pedro. Ele está hospedado na casa de Simão, o curtidor de couro, que mora perto do mar'. Assim, mandei buscar-te imediatamente, e foi bom que tenhas vindo. Agora estamos todos aqui na presença de Deus, para ouvir tudo que o Senhor te mandou dizer-nos". Então Pedro começou a falar: "Agora percebo verdadeiramente que Deus não trata as pessoas com parcialidade, mas de todas as nações aceita todo aquele que o teme e faz o que é justo. (Atos 10.25-35)

Enquanto Pedro ainda estava falando estas palavras, o Espírito Santo desceu sobre todos os que ouviam a mensagem. Os judeus convertidos que vieram com Pedro ficaram admirados de que o dom do Espírito Santo fosse derramado até sobre os gentios, pois os ouviam falando em línguas e exaltando a Deus. A seguir Pedro disse: "Pode alguém negar a água, impedindo que estes sejam batizados? Eles receberam o Espírito Santo como nós! " Então ordenou que fossem batizados em nome de Jesus Cristo. Depois pediram a Pedro que ficasse com eles alguns dias. (Atos 10.44-48)

Pedro quebrou todos os protocolos judaicos indo até à casa de um centurião romano. E Cornélio, por sua vez, foi contra os regulamentos romanos ao receber em seu lar um judeu, tendo autoridade para cobrar-lhe impostos abusivos ou até matá-lo. A vontade de Deus estava acima das leis e costumes sociais e culturais. Um momento histórico acontece nessa passagem, pois dois homens, tradicionalmente de povos inimigos, colocam-se humildemente diante de Deus como compatriotas do Céu!

A profecia de Joel 2.28, que o próprio Pedro havia citado depois de receber o Espírito Santo no dia Pentecostes (Atos 2.16-17), avançava em seu cumprimento naquele exato momento.

> E, depois disso, derramarei do meu Espírito sobre todos os povos. Os seus filhos e as suas filhas profetizarão, os velhos terão sonhos, os jovens terão visões. (Joel 2.28)

Outro povo estava recebendo o Espírito Santo! E a Igreja havia conquistado um novo território: os lares dos gentios. Não foi necessário um apelo ou mesmo a estrutura de um grande templo para Deus se manifestar. Tudo que foi necessário foram os corações dispostos de dois homens que queriam agradar a Deus. Um abriu seu coração e a porta da sua casa para a Igreja de Cristo e o outro abriu seu coração e mente para obedecer e ver o Céu invadir a Terra. Esse capítulo de Atos mudou e continua mudando a minha vida até hoje. Ele é o exemplo de que qualquer pessoa pode fazer parte da nova aliança e que a Igreja pode alcançar as nações mais influentes do mundo através da comunhão nas casas. Nesse relato bíblico, eu vejo a simplicidade do evangelho e o potencial do povo de Deus para transformar famílias e nações através do amor de Cristo, do poder do Espírito Santo e da comunhão da Igreja. Não importa se você é como Pedro, um cristão maduro e versado em muitos dos mistérios do Reino, ou se você é como Cornélio, um recém-convertido com fome de Deus. Se você em seu coração tem a revelação de que Jesus Cristo é o seu Senhor e que, por meio d'Ele, você pode ter comunhão com o Pai, você está apto para ser um embaixador dos Céus na sociedade. Você está pronto para manifestar o poder da Igreja.

CAPÍTULO DOIS

APRENDENDO A AMAR A NOIVA DE CRISTO

Jesus é a essência do amor de Deus. E de acordo com 1 João 4.8, Deus, por Sua vez, é o próprio amor. Já parou para pensar o que isso significa na prática? O quão "louco" é o fato de que a essência do próprio Amor veio ao nosso mundo como um ser humano, andou pela Terra e, como homem, deu Sua vida por algo que amava. Isso é muito louco. O Amor amou, feito gente igual a gente. E Ele amou tanto ao ponto de provar que o que sentia era mais forte do que a morte. Mas, afinal, o que cativou o coração de Jesus para que Ele se sacrificasse? Que algo era esse que O fez abrir mão da posição de Deus para vir até à Terra e entregar

Sua vida? A resposta para essa pergunta não é algo, mas sim alguém: a Sua noiva, a Igreja.

Talvez, a próxima frase que você lerá neste livro possa lhe soar um pouco radical, porém essa é uma das verdades da vida cristã que todos devemos compreender. Não existe a possibilidade de amarmos Jesus e não amarmos à Sua Igreja. Sim. É exatamente o que você leu. É impossível dizer que temos comunhão com Cristo sem ter comunhão com a Igreja. Porque ela é a Noiva pela qual Ele, o Noivo, deu a Sua vida para salvar. O apóstolo Paulo reforça essa revelação do amor de Jesus pela Sua Noiva ao aconselhar os homens de Éfeso a amarem suas mulheres como Cristo amou a Igreja.

> Maridos, amem suas mulheres, assim como Cristo amou a igreja e entregou-se a si mesmo por ela para santificá-la, tendo-a purificado pelo lavar da água mediante a palavra, e apresentá-la a si mesmo como igreja gloriosa, sem mancha nem ruga ou coisa semelhante, mas santa e inculpável. (Efésios 5.25-27)

O apóstolo Paulo nos mostra, nessa simbologia, Jesus como o marido e a Igreja como a Sua noiva em um relacionamento íntimo, inseparável. Por isso, ela também é conhecida nas escrituras como o Corpo de Cristo. Logo, aquilo que fazemos para a Igreja estamos fazendo como se fosse para o Senhor. Se ignoramos, maltratamos, difamamos ou resistimos à Noiva, estamos fazendo o mesmo ao Noivo. Portanto, não há como caminharmos com o Senhor longe da Igreja, porque seria a mesma coisa que tentarmos seguí-lO ignorando quem Ele ama. Pare para pensar por um instante. Você gostaria de ser íntimo de alguém que despreza quem você mais ama? Você daria acesso completo à sua casa para alguém que, se pudesse, destruiria o amor da sua vida? É claro que não. Contudo, ainda hoje, existem muitas pessoas que acreditam que podem ter intimidade com Jesus ao mesmo tempo que desprezam a existência e a importância da Igreja. Ou mesmo, acham que podem ter acesso ao Céu, a morada do Noivo, enquanto tentam destruir a Sua Noiva. Isso não faz o menor sentido. Ainda mais quando descobrimos que nós somos a Igreja. Cada um de nós representa uma parte da pessoa que Deus mais ama em todo o Universo. E por sermos parte da Noiva, estamos destinados a experimentar o amor eterno, imutável e insaciável do Noivo. O amor que é mais forte do que a morte e mais duro do que a sepultura. Contudo, só poderemos experimentar a plenitude desse amor em nossas vidas se estivermos inseridos no contexto de uma comunidade. E veja bem! Não estou dizendo que o Senhor só o amará se você fizer parte de uma comunidade local ou de um pequeno grupo cristão. Não. Deus ama cada um de nós individualmente. E nós não só podemos, mas também devemos buscar esse amor sozinhos em nossa intimidade com Ele no dia a dia. Entretanto, jamais experimentaremos a totalidade do amor do Noivo e as bênçãos celestiais desse matrimônio espiritual se não nos posicionarmos para ser uma Noiva que O ama acima de todas as coisas, que se santifica e se aceita.

Quando falamos sobre aceitar-se, refiro-me a ser uma Noiva que tem amor próprio, valorizando e amando cada parte de si. Em outras palavras, estou dizendo que se quisermos ser a noiva que faz o coração de Jesus queimar, precisamos cumprir o grande mandamento: amarmos a Deus sobre todas as coisas e amarmos ao próximo como a nós mesmos. Independentemente das imperfeições e falhas que cada um de nós carrega, devemos olhar e amar cada pessoa e ministérios que compõem a Igreja de Cristo. Até porque o nosso trabalho não é corrigir as imperfeições da Noiva. Esse é o trabalho do próprio Noivo. No verso 26 do capítulo 5 de Efésios, que lemos anteriormente, vemos que é Cristo que santifica e purifica a Sua Igreja. Por meio da Sua Palavra e presença, Ele constantemente nos lava de toda impureza que pode nos corromper. Todos os pecados já foram lavados na cruz do Calvário, mas é por meio da exposição diária à voz do Espírito Santo e o constante contato com as revelações das Sagradas Escrituras que o Senhor prepara a Sua Igreja a fim de apresentá-la para Si mesmo sem mácula ou rugas. Quão maravilhoso é o nosso Noivo. Ele não mede esforços para estar constantemente edificando a Sua Noiva. Ele sempre esteve e ainda está determinado a fazer de nós uma Igreja gloriosa, santa e inculpável. Uma noiva irresistível para qualquer um que a veja. Creio com todas as forças que, quando as nossas famílias e igrejas se tornarem irresistíveis aos olhos dos perdidos, veremos cidades inteiras se convertendo ao cristianismo. E quando todas as nações e povos fizerem parte da Igreja, o Noivo virá para buscar a Sua amada.

Mas até que Ele venha, como podemos preparar a Noiva e desenvolver amor por ela? Portando-nos como os amigos do Noivo:

> A noiva pertence ao noivo. O amigo que presta serviço ao noivo e que o atende e o ouve, enche-se de alegria quando ouve a voz do noivo. Esta é a minha alegria, que agora se completa. (João 3.29)

Quem é esse amigo mencionado no evangelho de João? Antes de falarmos sobre quem é essa pessoa, precisamos entender um pouco sobre como ocorriam os casamentos nos tempos de Jesus. Muito diferente dos dias de hoje, naquela época, o noivo não podia se revelar à noiva até o dia do casamento. As pessoas não tinham a oportunidade de namorar para conhecer melhor a pessoa pela qual se sentiam atraídas. Se um homem realmente tivesse a intenção de se casar com uma mulher, ele não marcava um encontro com ela, mas, sim, com o pai dela. Nesse encontro, o pretendente falava ao pai sobre quem ele era, quais eram suas intenções e perguntava o que era necessário para que o casamento acontecesse. Se o pai da noiva aprovasse o pretendente, os dois selavam um acordo para oficializar o noivado. Nesse acordo, o noivo e o pai da noiva estipulavam um dote a ser pago pelo pretendente e um período de tempo para que ele pudesse se preparar para buscar sua futura esposa. Contudo, daquele dia até o dia do casamento, os noivos não poderiam se ver. Imagine só você se casando com alguém que viu apenas uma vez na vida. Alguém que você não teve a oportunidade de passar tempo junto para conversar e conhecer as qualidades, defeitos, hábitos, sonhos, manias, intenções e gostos. Loucura demais, não acha? E era mesmo. Por isso, havia o amigo do noivo.

Como melhor amigo do noivo, ele tinha por missão revelar a pessoa e o coração do noivo à noiva enquanto esse não podia estar com ela. Esse amigo tinha a tarefa de descrever o noivo em todos os detalhes, compartilhar sua forma de pensar e agir, seus gostos e sonhos. E ele podia fazer isso porque era um amigo íntimo e confiável do noivo. Ele cumpriria a sua missão sem cobiçar a mulher do seu melhor amigo.

Se quisermos ser líderes que edificam a Igreja nos templos e nas casas, precisamos ser como o amigo do Noivo, íntimos de Jesus para poder revelar o Seu coração à Sua Noiva, sem a querer para nós. A Igreja pertence a Cristo, nosso melhor amigo, e a mais ninguém. Essas verdades protegerão os nossos corações e nos farão fiéis no preparo da Noiva do Senhor.

Um líder, que é amigo do noivo, cuida e zela pelo bem-estar e beleza da futura esposa do seu melhor amigo. O que isso significa de forma prática? Cuidar e zelar pela Igreja é buscar aperfeiçoar tudo que existe nela. Nossa missão como líderes não é apontar defeitos, mas deixar a noiva irresistível aperfeiçoando o que ela já tem dentro de si: recursos físicos (propriedades, equipamentos, instrumentos), humanos (líderes e liderados) e espirituais (disciplinas espirituais, teologia, revelações, doutrinas). Temos de ter a consciência de que tudo o que fazemos para a Igreja fazemos como se fosse para o Senhor, porque ela é o Seu Corpo e a Sua Noiva. Todas as vezes que servimos ou apresentamos à Igreja algo que não é o nosso melhor, não estamos dando o nosso melhor Àquele que declaramos ser o nosso Amado. E Deus não merece nada menos do que o excelente. Excelência não é perfeição, mas, sim, o melhor que do temos em nossas mãos. E é por tal motivo que sempre podemos ser excelentes com as coisas que são para Cristo, porque todos podemos dar o melhor do que temos. Nós devemos buscar a excelência da Igreja porque Deus foi excelente ao dar o Seu melhor por nós: Jesus Cristo.

Como líder e pastor, aprendi que para reconhecer em alguém o zelo pela excelência com a Igreja, basta observarmos se essa pessoa tem apreço pelos detalhes e desejo de fazer além do que lhe foi pedido. Repor os copos no bebedouro, desgrudar os chicletes que são colados nos assentos, arrumar as cadeiras dos templos com fita métrica para garantir que elas estejam simetricamente alinhadas, ou mesmo, recolher o lixo do banheiro são pequenas atitudes que revelam um coração excelente. Teoricamente, nenhum membro tem a obrigação de fazer isso. Apesar disso, os voluntários ou líderes que se dispõem a fazer além, zelando pela boa aparência da nossa comunidade, demonstram ter um espírito excelente. Quando chego nas casas onde acontecem os pequenos grupos, vejo incríveis mesas preparadas para receber famílias que desejam ter um encontro com Jesus e sua Igreja. Algumas casas oferecem banquetes enormes, outras, lanchinhos, porém tudo é preparado com excelência e amor. E isso contribui para criar ambientes irresistíveis, onde visitantes podem se sentir acolhidos e bem cuidados! Não importa se moramos em mansões ou em casas humildes, podemos ser excelentes em qualquer lugar. E a entrega do nosso melhor atrai a presença do Senhor.

Outra forma de fomentarmos a excelência no coração da nossa comunidade e desenvolvermos mais amor pela Igreja é por meio da administração do nosso tempo. O tempo é o recurso mais precioso da humanidade. Se quisermos descobrir o que é prioridade na vida de alguém, basta observarmos onde essa pessoa investe o tempo dela. Quais são os lugares e atividades que ela investe mais do seu tempo? O que a faz ser pontual? As respostas para essas perguntas revelam o que é mais importante para ela. Porque, diferentemente do dinheiro, que é um recurso que mesmo mal investido pode voltar através de muito trabalho duro e inteligência, o tempo é algo que jamais volta, mesmo com muito empenho de nossa parte. O tempo é implacável. Ele não para nem volta por conta de ninguém. Por tal motivo, precisamos ser sábios e intencionais em saber exatamente para onde está indo cada minuto da nossa vida. Estamos gastando nosso tempo com aquilo que é eterno ou com o que é passageiro? Nos tempos de Jesus, até o dia do casamento, o amigo do noivo provava seu amor pelo seu melhor amigo investindo o seu tempo para preparar a noiva. Ele provava seu compromisso investindo o seu recurso mais precioso, estando sempre pronto para o serviço. Se é o desejo do nosso coração ser amigos do Noivo, precisamos provar nosso compromisso investindo o nosso tempo edificando a Noiva. Quanto mais tempo investimos no serviço e na oração pela Igreja, mais a fazemos apaixonada por Cristo. E uma das formas simples e poderosas que temos para ensinar sobre a importância de sermos bons mordomos do nosso tempo é o exercício da pontualidade.

Quando somos pontuais em nossos compro-missos, demonstramos responsabilidade e excelência. Estar presente na hora certa para adorar e servir ao Senhor na unidade da Igreja ou chegar no horário no trabalho ou sala de aula é uma forma de comunicar: "Isto que estou fazendo é importante para mim. Isto aqui vale o tempo da minha vida". Mas quando chegamos atrasados, sem nenhuma justificativa, estamos dizendo: "Ah! Isso aí pode esperar". Precisamos ter apreço pelo tempo que investimos na Igreja e pelos compromissos que assumimos com ela. Seja no templo ou nas casas, a Noiva de Jesus é digna do nosso tempo. Portanto, tome autoridade sobre o tempo que lhe foi confiado e não seja refém de circunstâncias externas. Separe tempo para buscar a Deus no seu lugar de intimidade e também para servi-lO na obra. Nós somos os donos do nosso tempo. Nós definimos as nossas prioridades.

Tão importante quanto honrar a Igreja com o nosso cuidado e tempo é honrar os amigos do Noivo que o Senhor designou para servirem como nossos líderes e pastores. Se podemos ter a oportunidade de servir ao Senhor hoje, é porque no passado alguém disse "sim" para essa missão e abriu caminho para nós. Sir Isaac Newton uma vez disse que se ele podia ver mais longe do que outras pessoas era porque ele estava de pé sobre os ombros de gigantes. E assim é conosco. Se hoje podemos ter acesso a inúmeras revelações da Palavra de Deus, experiências com o Espírito Santo, poderosos momentos de adoração e incontáveis pontos de conexões com a Igreja em casas e templos, é porque pessoas pagaram o preço para esta conquista.

E ele designou alguns para apóstolos, outros para profetas, outros para evangelistas, e outros para pastores e mestres, com o fim de preparar os santos para a obra do ministério, para que o corpo de Cristo seja edificado, até que todos alcancemos a unidade da fé e do conhecimento do Filho de Deus, e cheguemos à maturidade, atingindo a medida da plenitude de Cristo. (Efésios 4.11-13)

A honra é um princípio do Reino que traz vida. Quando honramos uma pessoa, seja ela cristã ou não, um líder ou não, nós liberamos vida no ambiente e alegria no coração de Jesus. A Bíblia nos mostra que ao honrarmos os servos de Deus, nós honramos o Senhor, e milagres acontecem, podendo invadir até as nossas casas.

Então a palavra do Senhor veio a Elias: "Vá imediatamente para a cidade de Sarepta de Sidom e fique por lá. Ordenei a uma viúva daquele lugar que lhe forneça comida". E ele foi. Quando chegou à porta da cidade, encontrou uma viúva que estava colhendo gravetos. Ele a chamou e perguntou: "Pode me trazer um pouco d'água numa jarra para eu beber? " Enquanto ela ia indo buscar água, ele gritou: "Por favor, traga também um pedaço de pão". "Juro pelo nome do Senhor, o teu Deus", ela respondeu, "não tenho nenhum pedaço de pão; só um punhado de farinha num jarro e um pouco de azeite numa botija.

Estou colhendo uns dois gravetos para levar para casa e preparar uma refeição para mim e para o meu filho, para que a comamos e depois morramos. " Elias, porém, lhe disse: "Não tenha medo. Vá para casa e faça o que disse. Mas primeiro faça um pequeno bolo com o que você tem e traga para mim, e depois faça algo para você e para o seu filho. (1 Reis 17.8-13)

Nesse relato bíblico, temos um exemplo incrível de como a honra pode destravar o sobrenatural. Em uma época em que Israel enfrentava um grande período de seca e fome, o Senhor envia o profeta Elias até à casa de uma viúva que morava com seu único filho na cidade de Sarepta. Segundo a palavra de Deus, o profeta seria alimentado por aquela mulher, que não tinha nem mesmo recursos para ela mesma e seu filho. Contudo, essa viúva tinha um coração temente ao Senhor e sabia que, servindo ao servo de Deus com o seu melhor, ela estaria honrando a Deus, ainda que aquilo significasse morrer de fome. Ainda que ela pudesse se sentir ofendida com a, aparente, insensibilidade do profeta diante do seu problema, ela escolhe servir primeiramente o homem de Deus para depois servir à si mesma. Quantas vezes nós não deixamos de servir à Igreja e aos nossos líderes porque ficamos ofendidos? Quantas vezes não deixamos de dar o nosso melhor a Deus porque estamos mais interessados em saciar o nosso desejo de justiça pessoal do que atender às necessidades do nosso próximo, dos nossos líderes e da nossa Igreja? A viúva de Sarepta tinha um coração que amava mais a Deus do que a si mesma e, por isso, foi capaz de confiar no princípio da honra e dar um passo de fé que abençoaria toda sua casa.

> Ela foi e fez conforme Elias lhe dissera. E aconteceu que a comida durou todos os dias para Elias e para a mulher e sua família. Pois a farinha na vasilha não se acabou e o azeite na botija não se secou, conforme a palavra do Senhor proferida por Elias.
> (1 Reis 17.15-16)

Quando abrimos as nossas casas para servir à Sua Igreja, o Senhor abre as comportas do Céu para nos servir com mais do que o suficiente. Ao dar o melhor do que tinha em mãos para honrar e alimentar o profeta de Deus, a viúva foi abençoada com muito mais do que o dobro daquilo que tinha. O Senhor retribuiu sua oferta com mais do que o suficiente para continuar servindo ao servo de Deus e também para satisfazer as suas próprias necessidades. Acredito que aquela mulher não apenas deixou de passar necessidade como também passou a pegar aquilo que tinha de sobra para empreender e abençoar outras pessoas em necessidade durante a seca. Quando deixamos de focar apenas em nossas necessidades pessoais e nos posicionamos para honrar e atender as necessidades do próximo, Deus destrava romperes coletivos. A honra libera bênçãos que conectam pessoas e criam mais unidade na Igreja e na sociedade. Isso porque a honra, segundo os padrões bíblicos, não é um mover apenas vertical (relação de líder e liderado), mas também horizontal (relação de colaboradores). Todos devem ser honrados e todos devem honrar. Esse é um dos mais poderosos princípios do Reino. E quando o estabelecemos como um hábito, assim como a viúva que diariamente servia Elias mesmo depois de receber a bênção, nós estamos prontos para viver milagres ainda maiores.

Algum tempo depois o filho da mulher, dona da casa, ficou doente, foi piorando e finalmente parou de respirar. E a mulher reclamou a Elias: "Que foi que eu te fiz, ó homem de Deus? Vieste para lembrar-me do meu pecado e matar o meu filho? "

"Dê-me o seu filho", respondeu Elias. Ele o apanhou dos braços dela, levou-o para o quarto de cima onde estava hospedado, e o pôs em cima da cama. Então clamou ao Senhor: "Ó Senhor, meu

Deus, trouxeste também desgraça sobre esta viúva, com quem estou hospedado, fazendo morrer o seu filho? " Então ele se deitou sobre o menino três vezes e clamou ao Senhor: "Ó Senhor, meu Deus, faze voltar a vida a este menino! " O Senhor ouviu o clamor de Elias, e a vida voltou ao menino, e ele viveu. Então Elias levou o menino para baixo, entregou-o à mãe e disse: "Veja, seu filho está vivo! " Então a mulher disse a Elias: "Agora sei que tu és um homem de Deus e que a palavra do Senhor, vinda da tua boca, é a verdade". (1 Reis 17.17-24)

Creio que, depois de passar tanto tempo sendo honrado e servido na casa daquela mulher, o profeta já considerava a viúva e seu filho como parte da sua própria família. Sua consideração por aqueles que o serviam foi tamanha que, quando o jovem filho da viúva adoeceu e morreu, ele imediatamente se dispôs a orar pela sua ressurreição. Quando somos fiéis em servir à Noiva, ela própria intercede por nós trazendo vida a tudo o que estava morto em nós.

Recordo-me de um dia quando estava pregando em minha igreja e, ao final do culto, um jovem me abordou na escada do palco. Ele estava esperando uma oportunidade de falar comigo já fazia um tempo. Quando finalmente nos encontramos, ele me perguntou se poderia compartilhar uma situação por alguns minutos. Curioso para saber o que aquele rapaz queria, respondi: "É claro"! Ele me explicou que havia três pessoas de seu pequeno grupo naquele culto. Apesar de eles morarem em uma periferia distante da igreja, sempre se organizavam para não faltar em nenhuma reunião, mesmo que tivessem de vir a pé. Infelizmente, isso acontecia frequentemente. Ele disse que a devoção e o compromisso daquele grupo para com os trabalhos da igreja era algo que o inspirava a ser um líder melhor. E, por conta disso, sempre pagava a condução deles para que voltassem em segurança para casa. Ele usava o dinheiro que recebia de seus pais para lanchar no fim dos cultos. Porém, naquele dia, um imprevisto acontecera e ele não tinha como financiar a volta de seus liderados para casa.

Eu fiquei sem reação e, com os olhos cheios de lágrimas, enquanto ele descrevia a situação, pedia conselho a Deus sobre o que fazer naquele momento, pois o jovem líder queria muito continuar honrando seus liderados. O zelo daquele rapaz pelas vidas me comoveu e despertou o desejo de fazer o mesmo, honrar meus liderados. Calculei rapidamente o valor da condução daquelas três pessoas e dei o dinheiro àquele jovem. Antes que pudesse recusar, disse que naquela noite eu os levaria para comer em um dos principais restaurantes da cidade como um ato de honra. Dei-lhes ainda a oportunidade de escolher o que quisessem, seria tudo por minha conta.

Aquele rapaz e os membros do seu pequeno grupo se sentiram tão amados com esse pequeno gesto de honra que se comprometeram mais ainda com a igreja. Hoje em dia, eles têm levado o Reino de Deus e essa cultura de honra para outros lares e famílias.

O Senhor não quer que o nosso compromisso seja apenas em palavras, mas também em ação. Não basta dizer que amamos a Igreja, precisamos demonstrar esse amor cuidando, zelando, servindo e honrando à Noiva. É isso que o Senhor nos ensina momentos antes de ascender aos Céus.

> Depois de comerem, Jesus perguntou a Simão Pedro: "Simão, filho de João, você me ama realmente mais do que estes? " Disse ele: "Sim, Senhor, tu sabes que te amo". Disse Jesus: "Cuide dos meus cordeiros". Novamente Jesus disse: "Simão, filho de João, você realmente me ama? " Ele respondeu: "Sim, Senhor tu sabes que te amo". Disse Jesus: "Pastoreie as minhas ovelhas". Pela terceira vez, ele lhe disse: "Simão, filho de João, você me ama? " Pedro ficou magoado por Jesus lhe ter perguntado pela

terceira vez "Você me ama? " e lhe disse: "Senhor, tu sabes todas as coisas e sabes que te amo". Disse-lhe Jesus: "Cuide das minhas ovelhas. (João 21.15-17)

Nessa passagem, vemos Jesus se achegando a Pedro para deixar claro que Ele não será convencido de que O amamos pela quantidade de vezes que dizemos "te amo", mas, sim, pela nossa fidelidade em cuidar da Sua amada Igreja até à Sua volta. E quando Ele voltar, recompensará os Seus amigos que deram a vida para manter a Sua Noiva apaixonada e pronta.

CAPÍTULO TRÊS

AS CÉLULAS DO CORPO DE CRISTO

    A Bíblia é o livro mais fascinante e extraordinário da História. É indiscutível que cada capítulo, parágrafo, frase e palavra foram sobrenaturalmente inspirados pelo Espírito Santo. Por ter sua origem em Deus, tudo que está ali é eterno. Ou seja, não é afetado pelo tempo, é atemporal. Tudo o que foi escrito há milhares de anos continua fazendo sentido hoje e permanece atual para qualquer pessoa e contexto. Na verdade, as Sagradas Escrituras não só se mantêm relevantes, independentemente da época, como também se renovam todos os dias. A Palavra de Deus é mais contemporânea do que o jornal que você leu nesta manhã e é mais novidade do que a última notícia que você teve contato pelo celular, computador, rádio ou televisão. É impressionante como nenhum termo usado na Bíblia deixa de fazer sentido, mesmo com o passar do tempo. Muitas vezes, eles até ganham mais significado à luz do avanço da ciência, tecnologia e História. Um exemplo disso é o termo "Corpo de Cristo", um sinônimo utilizado pelo apóstolo Paulo no Novo Testamento para se referir à Igreja do nosso Senhor Jesus. Tanto na carta aos Romanos quanto nas endereçadas aos Coríntios, podemos ver Paulo ensinando acerca da importância da unidade da Igreja, comparando-a com um corpo humano e seus membros.

> Assim como cada um de nós tem um corpo com muitos membros e esses membros não exercem todos a mesma função, assim também em Cristo nós, que somos muitos, formamos um corpo, e cada membro está ligado a todos os outros. (Romanos 12.4-5)

> Ora, vocês são o corpo de Cristo, e cada um de vocês, individualmente, é membro desse corpo. (1 Coríntios 12.27)

Na época em que Paulo viveu, o corpo humano era conhecido pelo que se via a olho nu, mas, atualmente, com o avanço da tecnologia e da ciência, podemos enxergar e compreender o corpo humano em seus mínimos detalhes com uma visão microscópica. Hoje, sabemos que ele e seus membros são, essencialmente, formados por uma imensa quantidade de células. A célula é o principal elemento estrutural e funcional dos nossos corpos, uma vez que eles são formados por aproximadamente 10 trilhões delas, que por sua vez trabalham de maneira integrada com funções específicas, como: nutrição, proteção, produção de energia e reprodução. Diante desse entendimento, a nossa revelação sobre a formação e o processo de crescimento da Igreja alcança um novo nível de profundidade. Assim como os nossos corpos são essencialmente formados por células e crescem por meio de sua multiplicação, o Corpo de Cristo se formou e cresce até os dias de hoje por meio de pequenas reuniões em lares chamadas de "células".

O nome "células" é contemporâneo, porém esse modelo de reuniões é mais antigo do que a própria Igreja, porque elas existiam antes mesmo de o Senhor Jesus comissionar os seus discípulos para estabelecer a *ekklesia*. Ao observarmos o ministério público de Cristo, podemos vê-lO com seus seguidores se reunindo principalmente em lares. E isso acontecia porque, naquela época, a vida social se concentrava dentro das casas, e a família era considerada a mais importante instituição da sociedade judaica. Nos grandes ajuntamentos públicos, o Senhor pregava acerca do Reino e demonstrava o poder dos Céus, porém era dentro das casas que o Mestre ensinava sobre os mistérios do Reino e anunciava o Evangelho da salvação. Era na intimidade dos lares que o Jesus revelava aquilo que só os que estavam dispostos à comunhão podiam ouvir e viver.

Aqui estão três relatos bíblicos de como Jesus levava o Reino para dentro das casas e como Ele tinha prazer em estar nesses ambientes:

> ... tendo Jesus entrado novamente em Cafarnaum, o povo ouviu falar que **ele estava em casa**. Então muita gente se reuniu ali, de forma que não havia lugar nem junto à porta; e ele lhes pregava a palavra. Vieram alguns homens, trazendo-lhe um paralítico, carregado por quatro deles. Não podendo levá-lo até Jesus, por causa da multidão, removeram parte da cobertura do lugar onde Jesus estava e, através de uma abertura no teto, baixaram a maca em que estava deitado o paralítico. Vendo a fé que eles tinham, Jesus disse ao paralítico: "Filho, os seus pecados estão perdoados". Estavam sentados ali alguns mestres da lei, raciocinando em seu íntimo: "Por que esse homem fala

assim? Está blasfemando! Quem pode perdoar pecados, a não ser somente Deus?" Jesus percebeu logo em seu espírito que era isso que eles estavam pensando e lhes disse: "Por que vocês estão remoendo essas coisas em seus corações? Que é mais fácil dizer ao paralítico: 'Os seus pecados estão perdoados', ou: 'Levante-se, pegue a sua maca e ande'? Mas, para que vocês saibam que o Filho do homem tem na terra autoridade para perdoar pecados — disse ao paralítico — eu lhe digo: **Levante-se, pegue a sua maca e vá para casa**". (Marcos 2.1-11 – grifo do autor)

Nessa passagem, vemos Jesus indo para um lar e as pessoas indo ao seu encontro por saberem que Ele era um homem que carregava algo diferente de tudo que já tinham visto, alguém com respostas para suas dúvidas existenciais e necessidades. Esse relato nos mostra que o Senhor não apenas pregou o Evangelho, como também curou um paralítico e ensinou acerca do mistério do perdão em meio a uma reunião dentro de casa. E, ao final de tudo, Ele ainda deu um comando ao homem que foi curado e perdoado: Pegar a prova do seu testemunho, a maca, e voltar andando com ela até sua casa, lugar em que ele e sua família habitavam. Isso é maravilhoso e está disponível para cada um de nós!

Imagine só o povo da sua cidade deixando de ir ao

trabalho, aos hospitais, aos bancos ou qualquer outro lugar para ir a uma "célula" porque sabem que Deus vai aparecer ali e saciará qualquer necessidade! Imagine pessoas trazendo enfermos até uma reunião dentro do lar para não apenas serem curadas no corpo, mas também na alma! Isso é o que a presença de Jesus em nossas casas é capaz de provocar. Tudo isso pode acontecer nos dias de hoje se centenas de lares estiverem dispostos a receber a presença de Deus. Quando abrimos mão da nossa religiosidade e buscamos Jesus não apenas dentro da Igreja, mas fora dela, convidando-O para a intimidade dos nossos lares, podemos viver o impossível. Foi assim com Jairo e sua família:

> Então um homem chamado Jairo, dirigente da sinagoga, veio e prostrou-se aos pés de Jesus, **implorando-lhe que fosse à sua casa** porque sua única filha, de cerca de doze anos, estava à morte. (Lucas 8.41-42 – grifo do autor)

Jairo era dirigente de uma sinagoga, local onde os judeus se reuniam para cultuar a Deus, buscá-lO através de preces e estudar as Escrituras. Nesse relato, podemos ver que Jairo estava em uma situação crítica em sua casa. Sua filha estava prestes a morrer e ele não podia fazer nada. Apenas

Deus poderia ajudá-lo. Mas onde ele poderia encontrar a Deus? Creio que nessa hora ele deve ter se lembrado das histórias de um tal de Jesus que estava curando pessoas em reuniões dentro de lares. Nesse momento, ele toma uma decisão ousada para alguém com seu *status* social. Ele decide não correr para a sua sinagoga, mas para a presença de Jesus, porque ali Ele poderia encontrar o poder do Deus que, até então, só conhecia nas Escrituras. Acredito que Jairo também só conhecia o Mestre por ouvir falar, mas naquele momento ele estava tão desesperado por um milagre que estava disposto a abrir a sua casa para um completo estranho, mas que tinha o bom testemunho de carregar o Espírito de Deus.

Sempre que releio essa história, emociono-me, porque ela mostra o quanto Deus está disposto a entrar em nossas casas para restaurar a nossa família e tudo o que pode ter morrido, mesmo quando achamos que Ele não precisa mais vir. E a verdade é que Ele escolhe vir ao nosso encontro.

> Enquanto Jesus ainda estava falando, chegou alguém da casa de Jairo, o dirigente da sinagoga, e disse: "Sua filha morreu. Não incomode mais o Mestre". Ouvindo isso, Jesus disse a Jairo: "Não tenha medo; tão-somente creia, e ela será curada".
> (Lucas 8.49-50)

Ao receber a notícia de que sua filha havia morrido antes mesmo de Jesus chegar em sua casa, Jairo é aconselhado a não mais incomodar o Mestre. Porém, Jesus o conforta ao afirmar que basta ele crer em Sua palavra que ela seria curada. Só de imaginar essa cena, já sinto um arrepio. Não há nada que intimide ou faça Cristo desistir de nós, nem mesmo a morte.

> Quando chegou à casa de Jairo, não deixou ninguém entrar com ele, exceto Pedro, João, Tiago e o pai e a mãe da criança. Enquanto isso, todo o povo estava se lamentando e chorando por ela. "Não chorem", disse Jesus. "Ela não está morta, mas dorme". Todos começaram a rir dele, pois sabiam que ela estava morta. Mas ele a tomou pela mão e disse: "Menina, levante-se! " O espírito dela voltou, e ela se levantou imediatamente. Então Jesus lhes ordenou que lhe dessem de comer. (Lucas 8.51-55)

Quando finalmente chegam na casa, vemos Jesus mudar o humor de todas as pessoas reunidas. Com uma única frase de esperança, o Senhor fez lágrimas virarem risos, mesmo que depreciativos, provocando os presentes a crerem no impossível. Percebendo que o ambiente ainda estava carregado de descrença, Jesus tomou uma decisão estratégica e se reuniu apenas com os que estavam dispostos a crer em Suas palavras: seus discípulos mais próximos e os pais da jovem. Finalmente, diante do corpo sem vida da jovem, cercado de pessoas de fé, Jesus a toma pela mão e dá uma ordem: "Levante-se!". Naquele momento, a filha de Jairo volta à vida.

O relato também trata de Jesus salvando uma pessoa da morte, porém no sentido espiritual. Como disse anteriormente, o Senhor pregava o Evangelho da salvação dentro das casas.

> Havia ali um homem rico chamado Zaqueu, chefe dos publicanos. Ele queria ver quem era Jesus, mas, sendo de pequena estatura, não o conseguia, por causa da multidão. Assim, correu adiante e subiu numa figueira brava para vê-lo, pois Jesus ia passar por ali. Quando Jesus chegou àquele lugar, olhou para cima e lhe disse: "Zaqueu, desça depressa. **Quero ficar em sua casa hoje**". Então ele desceu rapidamente e o recebeu com alegria. Todo o povo viu isso e começou a se queixar: "Ele se hospedou na casa de um 'pecador' ". Mas Zaqueu levantou-se e disse ao Senhor: "Olha, Senhor! Estou dando a metade dos meus bens aos pobres; e se de alguém extorqui alguma coisa, devolverei quatro vezes mais". Jesus lhe disse: "Hoje houve salvação nesta casa! Porque este homem também é filho de Abraão. Pois

o Filho do homem veio buscar e salvar o que estava perdido".

(Lucas 19.2-10 – grifo do autor)

Quando Zaqueu viu que Jesus não queria apenas abençoá-lo, mas também ter comunhão com ele em sua casa, ignorando o que sociedade dizia a seu respeito, essa atitude comoveu o corrupto coletor de impostos e fez com que ele experimentasse um processo de mudança de mentalidade que, ao final daquele dia, culminou em um arrependimento genuíno. Em outras palavras, Zaqueu reconheceu em sua mente e coração que Jesus era digno de ser o seu Senhor e que os caminhos do Reino eram melhores do que os que ele estava trilhando. Depois de ter comunhão com o Filho de Deus, ele recebeu a salvação.

Salvação, cura, perdão, milagres e segredos acerca do Reino. Esses são apenas alguns dos diversos testemunhos de como o Senhor atuava dentro das casas. O Seu ministério avançava na intimidade de lares como os de Pedro (Mateus 8.14), Lázaro e suas irmãs (Lucas 10.38), Mateus (Mateus 9.10) e Simão, o leproso (Mateus 26.6). Esse mesmo mover pode chegar até às nossas casas, porque esse estilo de vida não estava reservado apenas ao Mestre, mas a todos que se consideravam Seus discípulos e parte da Sua Igreja.

Nós entendemos que a expansão dos pequenos grupos é a expansão do Reino de Deus em lugares e contextos que a figura da Igreja não é capaz alcançar. É muito mais fácil você convidar alguém que não compartilha da sua fé – um ateu, católico, budista, muçulmano, espírita – para ir a sua casa do para a sua igreja local. O seu lar representa, para essas pessoas, um território neutro e seguro para ela expressar suas opiniões e dúvidas acerca da fé.

Em 2018, testemunhamos um muçulmano encontrar Jesus e receber a salvação em uma de nossas células. Esse homem, assim como Zaqueu, era uma pessoa riquíssima. Ele trabalhava no ramo de joias e pedras preciosas, possuindo diversos investimentos. Esse empresário era um fiel praticante do islamismo, que, por algum motivo, conectou-se com um dos nossos líderes de pequenos grupos e começou a frequentar uma célula. Por mais que sua crença fosse outra, ele possuía algo que todo ser humano tem: fome por espiritualidade e por conhecer a Deus. Com o passar do tempo, a longa exposição à cultura do Reino que predominava na célula começou a provocar um processo de mudança de mentalidade naquele homem, fazendo com que ele questionasse a sua própria fé. Ele estava sendo amado, cuidado e curado na alma por aquilo que o Espírito Santo ministrava nas reuniões e através das pessoas em momentos de comunhão. Em determinado dia, quando o evangelho da salvação era estudado, ele recebeu um confronto na sua alma ao ouvir que Jesus é o único Rei e Deus que deu Sua vida pelo Seu povo. Ao receber o entendimento de que Deus não apenas havia morrido por ele, mas ressuscitado para fazer dele parte da família de Deus, ele decidiu abandonar o islamismo e entregar sua vida a Cristo. O mais incrível é que a história não acaba aí. Hoje, esse ex-muçulmano é um dos maiores evangelistas da nossa comunidade, apresentando Jesus e as boas novas do Reino para dezenas de pessoas, incluindo líderes da esfera do governo, tal como o Secretário Municipal de Saúde.

As igrejas nas casas atuando em paralelo com as igrejas locais fazem com que a expansão do Reino de Deus na sociedade seja um movimento invencível e inabalável. Assim como era nos tempos de Atos.

> Todos os dias, continuavam a reunir-se **no pátio do templo**. Partiam o pão **em suas casas**, e juntos participavam das refeições, com alegria e sinceridade de coração, louvando a Deus e tendo a simpatia de todo o povo. E o Senhor lhes acrescentava todos os dias os que iam sendo salvos.
> (Atos 2.46-47 – grifo do autor)

> Todos os dias, **no templo e de casa em casa**, não deixavam de ensinar e proclamar que Jesus é o Cristo.
> (Atos 5.42 – grifo do autor)

A igreja de Atos tinha como pontos de encontro os templos e as casas. Ambos eram essenciais, porque nos templos havia a assembleia dos santos com todas as "células" reunidas para, como um corpo, receberem a mesma visão e alimento espiritual. Em paralelo, havia nas casas a comunhão dos santos, onde cada célula poderia se aprofundar no entendimento da visão, colocá-la em prática e disseminar a cultura do Reino no dia a dia das famílias. As células pulsam vida no cotidiano dos lares ao cumprir com cinco objetivos:

- promover a comunhão dos santos;
- possibilitar o evangelismo através da Palavra e do poder de Deus;
- gerar ambientes e conexões propícias para o exercício do pastoreio e discipulado;
- multiplicar discipuladores e discípulos;
- estimular a expansão e o crescimento do Corpo de Cristo nas diferentes esferas da sociedade.

Apesar da ênfase que estamos dando para a igreja

em célula, gostaria de reforçar que a igreja no templo é tão importante quanto as reuniões em pequenos grupos, pois é lá que membros que compõem as células experimentam a unidade do Corpo de Cristo. Assim como as duas asas de um mesmo pássaro, o templo e as casas são igualmente importantes para fazermos com que a Igreja acesse o Céu.

Contudo, nos dias de hoje, temos dificuldade em manter o modelo da Igreja do primeiro século. Atualmente, muitas igrejas deixaram de funcionar como um organismo vivo que transita entre o templo e as casas, para se enquadrar nas estruturas rígidas dos modelos de organizações bem-sucedidas, distanciando-se do núcleo da sociedade, que é a família. A célula é o coração da igreja local, sua extensão dos lares. Contudo, muitas igrejas contemporâneas transformaram a principal estratégia de crescimento do Corpo de Cristo em mais um ministério, mais uma atividade interessante para incentivar o evangelismo e dar funções e cargos às pessoas. Contudo, eu acredito que nenhum ministério deve concorrer com o ministério de células, porque a história comprova que a estratégia perfeita para moldar uma igreja saudável é o mover de Deus entre os templos e as casas, influenciando as famílias e as gerações como nos tempos de Atos.

Para ilustrar a diferença entre os dois modelos de igreja,

listei os principais contrastes entre a Igreja Primitiva (focada em células) e a Igreja Contemporânea (focada em ministérios).

Igreja Primitiva x Igreja Contemporânea

IGREJA PRIMITIVA	IGREJA CONTEMPORÂNEA
Local	
Templo e de casa em casa	Centralizada no templo
Comunhão	
Diariamente e de casa em casa	Semanalmente nos templos
Relacionamentos	
Relacionamentos profundos baseados em confronto e conforto	Relacionamentos superficiais com pouca prestação de contas
Ênfase do Ensino	
Compreensão e aplicação prática da Bíblia	Foco no ensino da liturgia
Discipulado	
Pastoreio e mentoria	Desenvolvimento por meio de cursos e escolas
Visão	
Cumprir a Grande Comissão à luz do Evangelho do Reino e da Salvação	Cumprir a Grande Comissão à luz do Evangelho da Salvação

É nítido que a igreja em células tem sua ênfase em crescer por meio do investimento e desenvolvimento de discípulos, enquanto a igreja contemporânea está mais focada em manter o crescimento dos seus braços ministeriais. Eu creio que o Senhor está preparando e tocando o coração do Corpo de Cristo para voltar a ter um apreço pelo modelo de crescimento e discipulado apostólico das células do Novo Testamento. Acredito que Ele deseja, mais do que todos nós, fazer muito mais do que estamos experimentando em nossos ministérios. Porque Seu foco, desde o princípio, são famílias, e não ministérios. Quando focarmos no desenvolvimento daqueles que estão à nossa volta, experimentaremos um crescimento em nossas comunidades como jamais vimos antes. E por consequência nossos ministérios e sonhos vão crescer também. Porque o Reino jamais para de crescer. A única variável do crescimento é a velocidade que é definida pela visão e foco.

Se pararmos para nos atentar a cada pessoa que Deus nos confia, o Senhor nos confiará os milhares. Porque os que são fiéis no pouco serão confiados no muito. Jesus quer dar vida e vida em abundância a cada família e lar do mundo. Basta abrirmos as nossas portas para sermos uma Igreja que foca no discipulado de famílias, nos templos e nas casas.

> Eis que estou à porta e bato. Se alguém ouvir a minha voz e abrir a porta, entrarei e cearei com ele, e ele comigo. (Apocalipse 3.20)

Eu oro para que, neste momento, seus ouvidos sejam abertos para escutar o chamado do Senhor para abrir a sua casa para Ele e Seu glorioso Reino. Ele quer ter acesso a cada cômodo do seu lar e do seu coração para construir um relacionamento de intimidade e fazer desses lugares a Sua habitação. A Palavra diz que onde Deus está há liberdade e alegria. Você já tem em suas mãos as chaves para estabelecer a próxima embaixada do Reino de Deus e da Igreja de Cristo na Terra: o seu Lar. Faça da sua casa uma das células que compõem o Corpo de Cristo e gere vida!

CAPÍTULO QUATRO

UMA LIDERANÇA INABALÁVEL

Para liderarmos uma célula, uma parte do único movimento que é invencível e indestrutível na Terra, a Igreja de Cristo, precisamos desenvolver em nós uma liderança inabalável. E, para fazermos isso, temos de nos empenhar em sermos líderes profundamente firmados naquilo que jamais falha e que é a essência de Deus: o amor.

> Tudo sofre, tudo crê, tudo espera, tudo suporta. O amor nunca falha... (1 Coríntios 13.7-8 – ARC)

Quando leio esse versículo, sinto-me profundamente

instigado a ser um líder que revela o amor descrito em 1 Coríntios 13. Alguém que tudo sofre, crê, espera e suporta por amor a Deus e ao próximo. Alguém que não mede esforços para viver e conduzir vidas para a visão que Deus tem. Esse é o tipo de líder que todos desejamos seguir e também ser. E apenas o amor pode nos motivar e capacitar para sermos assim. Apenas ele pode nos impedir de desistir de um sonho ou mesmo de uma pessoa que o Senhor confia a nós. O amor traz sentido para a cada dor e sacrifício que fazemos. Uma vez ouvi que os apaixonados são os melhores trabalhadores. E eu concordo. Acredito que se quisermos ser líderes que não se abalam e realmente tem voz na vida dos nossos liderados e da nossa comunidade, precisamos estar enraizados no amor de Deus. E o segredo para nos firmarmos nesse amor está em obedecer ao grande mandamento:

> "Mestre, qual é o maior mandamento da Lei?" Respondeu Jesus: " 'Ame o Senhor, o seu Deus de todo o seu coração, de toda a sua alma e de todo o seu entendimento'. Este é o primeiro e maior mandamento. E o segundo é semelhante a ele: 'Ame o seu próximo como a si mesmo'. Destes dois mandamentos dependem toda a Lei e os Profetas". (Mateus 22.36-40)

O nosso Senhor, em Sua imensa sabedoria, resume todos os Seus ensinamentos para vivermos uma vida que O agrada em apenas um grande mandamento, que é dividido em dois comandos: Amar ao Senhor de todo o nosso coração e amar ao nosso próximo como a nós mesmos. Esses dois ensinamentos são as diretrizes para recebermos e andarmos no amor de Deus. Nessa passagem do evangelho de Mateus, quando Jesus fala sobre amar, Ele usa a palavra grega *ágape*, que significa "amor que se entrega ou se submete completamente". Esse é o tipo de amor que não se permite ter reservas, ele não dá espaço para o egoísmo. Partindo dessa premissa, eu gostaria que você se perguntasse: Será que tudo o que estamos fazendo expressa o nosso amor absoluto por Deus? Será que nós estamos amando ao próximo sem reservas? Será que estamos buscando manifestar esse amor *ágape* em nossa célula e igreja local? Independentemente da nossa resposta, uma coisa é certa: só podemos amar o Senhor, a nós mesmos e ao próximo porque primeiramente somos amados por Deus (1 João 4.19). Quando nos permitimos ser amados por Ele, esse amor sobre-humano passa a fluir e transbordar de nossas vidas, alcançando todos à nossa volta. Esse amor é capaz de transformar o fraco em forte, o covarde em ousado, o orgulhoso em humilde, o corrupto em justo, o triste em alegre, o pecador em santo. O grande mandamento é a base para firmar os maiores líderes e fazer deles indivíduos inabaláveis.

Um exemplo de liderança da Igreja Primitiva que me inspira a amar de forma mais radical e implacável é a vida e ministério do apóstolo Barnabé. Descendente da tribo de Levi, filho de uma família sacerdotal, natural da Ilha de Chipre, um lugar fortemente influenciado pela cultura e pensamento grego, Barnabé foi um dos pioneiros da expansão da Igreja. Este servo de Deus foi um dos apóstolos que mais contribuiu para a propagação do Evangelho entre os gentios e para preservação da cultura do Reino. Basta olharmos para a história que existe por trás do seu nome para vermos que o segredo do seu ministério e liderança era o amor *ágape*. Seu verdadeiro nome era José, porém a sua personalidade e testemunho de vida fizeram com que os apóstolos lhe dessem um novo nome que expressasse profeticamente a forma como ele era percebido pela comunidade. Barnabé significa "filho da consolação, exortação ou encorajamento". Em outras palavras, ele era tido pelo povo como um homem que interagia e liderava pessoas por meio da consolação e do confronto (exortação) em amor. Imagino que se Barnabé não estava revelando a natureza confortadora das Boas Novas, ele estava expressando a essência confrontadora do Evangelho. Esse discípulo de Cristo foi um dos líderes que mais amou e acreditou nas pessoas, levantando e resgatando muitos para o ministério, como o apóstolo Paulo, por exemplo, o maior missionário da Igreja Primitiva e o autor de quase metade do Novo Testamento (treze dos vinte e sete livros). Ele, com toda certeza, é um exemplo do que é liderar com amor.

Como líderes e discipuladores, temos muito a aprender com esse apóstolo e seu estilo de vida. A começar pela maneira como investia generosamente na Igreja de Cristo e na expansão do Reino.

AS CÉLULAS PRECISAM DE LÍDERES GENEROSOS COMO BARNABÉ

> José, a quem os apóstolos deram o sobrenome de Barnabé, que quer dizer filho de exortação, levita, natural de Chipre, como tivesse um campo, vendendo-o, trouxe o preço e o depositou aos pés dos apóstolos. (Atos 4.36-37 – ARA)

A primeira menção que temos de Barnabé na Bíblia está registrada no final do capítulo 4 do livro de Atos dos Apóstolos. E a primeira coisa que podemos concluir a seu respeito é que ele era um homem radicalmente apaixonado pela mensagem do evangelho e comprometido com a

Igreja de Cristo. Nós somos literalmente apresentados a um homem que abriu mão do seu nome, sua família, sua ocupação sacerdotal como levita e suas propriedades para investir no avanço do Reino de Deus na Terra. Até aqui nós não conhecemos mais do que um parágrafo da história desse discípulo. Porém, o pouco que nos é revelado já é suficiente para ganhar o nosso respeito. Esse homem estava disposto a pagar o preço para fazer parte daquilo que Deus estava fazendo aqui na Terra. Assim como o homem da parábola de Mateus 13.44, que encontrou um tesouro no campo e cheio de alegria foi e vendeu tudo o que tinha para adquirir aquela propriedade. Barnabé deu seu tempo, seus recursos e os seus dons para servir à Igreja, porque havia entendido o princípio da generosidade.

A generosidade é um exemplo de adoração a Deus, porque é um princípio que expressa honra e comunica em ações o nosso amor pelo Senhor e Sua Igreja. Quando abrimos mão de algo valioso para nós e investimos isso em algo ou alguém que Deus ama, estamos mostrando ao mundo que a nossa identidade, alegria e motivação não estão enraizadas em coisas que podem ser roubadas, perdidas ou abaladas. A nossa satisfação está no Reino de Deus e em fazê-lo prosperar.

Depois de receber a Cristo como Senhor, Barnabé abriu

mão de tudo aquilo que poderia naturalmente abalá-lo. Ele só queria uma coisa: ser livre para dar glória a Deus e cumprir a Sua vontade, multiplicando o que Ele já estava fazendo. E, ao ser generoso, ele consolava e encorajava o povo de Deus a cumprir o seu chamado e a glorificar o Senhor como Aquele que sempre provê. Creio que muito do que o apóstolo Paulo ensinou acerca do dom da generosidade, ele aprendeu através do testemunho de seu amigo Barnabé, com quem passou anos viajando em missões para evangelizar os gentios.

> Aquele que supre a semente ao que semeia e o pão ao que come, também lhes suprirá e aumentará a semente e fará crescer os frutos da sua justiça. Vocês serão enriquecidos de todas as formas, para que possam ser generosos em qualquer ocasião e, por nosso intermédio, a sua generosidade resulte em ação de graças a Deus. O serviço ministerial que vocês estão realizando não está apenas suprindo as necessidades do povo de Deus, mas também transbordando em muitas expressões de gratidão a Deus. Por meio dessa prova de serviço ministerial, outros louvarão a Deus pela obediência que acompanha a confissão que vocês fazem do evangelho de Cristo e pela generosidade de vocês em compartilhar seus bens com eles e com todos os outros.
> (2 Coríntios 9.10-13)

Acho que, no fundo dos nossos corações, todos nós desejamos fluir em generosidade, porém por questões, como contexto social, cultura ou limitações financeiras, temos deixado de ser mais intencionais e comprometidos com a prática desse princípio. Contudo, o segredo para vencermos esses bloqueios mentais e o medo de que vai faltar algo é acessar a revelação de que somos alvos da graça e da generosidade de Deus. Quando Barnabé teve o entendimento de que Cristo já nos comprou com Seu sangue, nos confiou a autoridade do Seu nome, nos deu o Seu Espírito e declarou que as portas do inferno não prevaleciam contra nós, Ele entendeu que já temos tudo o que é essencial para servirmos ao próximo e sermos abençoados por Deus. Quando somos generosos e investimos no que Deus ama, multiplicamos aquilo que Ele já está fazendo. E quando multiplicamos o que é do Senhor, Ele nos confia mais. Assim como aconteceu na parábola dos talentos:

> O senhor respondeu: 'Muito bem, servo bom e fiel! Você foi fiel no pouco; eu o porei sobre o muito. Venha e participe da alegria do seu senhor!' (Mateus 25.21)

Barnabé foi um líder fiel e investiu todos os tipos

de talentos que possuía para abençoar o povo de Deus. Por isso, mais tarde, o Senhor lhe confiou grandes multidões. A generosidade é um princípio do Reino que não se limita a dinheiro ou a posses materiais. É uma virtude celestial que pode ser aplicada a tudo que podemos dar para beneficiar alguém e demonstrar o amor de Deus, inclusive coisas imateriais, mas igualmente importantes, como o nosso tempo, conhecimento, dons, fé, amor e confiança. Barnabé semeou todas essas coisas na vida de muitos, mas em especial na vida de um homem que ninguém queria cuidar. Anos mais tarde, ele colheu não apenas um amigo, mas um irmão na fé que seria seu parceiro de ministério e um dos maiores apóstolos da história.

A IGREJA EM CÉLULAS PRECISA DE LÍDERES QUE AMAM E ACREDITAM NO PRÓXIMO COMO BARNABÉ

Quando [Saulo] chegou a Jerusalém, tentou reunir-se aos discípulos, mas todos estavam com medo dele, não acreditando que fosse realmente um discípulo. Então Barnabé o levou aos apóstolos e lhes contou como, no caminho, Saulo vira o Senhor, que lhe falara, e como em Damasco ele havia pregado corajosamente em nome de Jesus. Assim, Saulo ficou com eles, e andava com liberdade em Jerusalém, pregando corajosamente em nome do Senhor. (Atos 9.26-28 – grifo do autor)

A Bíblia relata que, mesmo tendo se convertido e pregado o evangelho em Damasco, Saulo ainda não havia convencido nenhum dos apóstolos de que não era mais o perseguidor e assassino dos seguidores de Jesus. Parece loucura, mas o passado sangrento dele estava falando mais alto do que o sangue de Jesus em seu presente. A Igreja não queria perdoá-lo e aceitá-lo. E ainda que o fizesse, ninguém queria ter um assassino por perto. Era arriscado demais. Ele poderia colocar a perder tudo o que estava sendo construído. Contudo, Barnabé foi o único líder que, ao perceber a dificuldade de Saulo, posicionou-se para ajudá-lo a se integrar no Corpo de Cristo. O passado de Saulo abalava a comunidade, porém não ao homem conhecido como "filho do encorajamento". Como um líder apaixonado por pessoas e pela Igreja, Barnabé tinha uma visão profética. Ele sabia que aquele novo convertido, nas mãos de Cristo, tinha o potencial para ganhar mais vidas do que as que tirou e libertar mais pessoas do que aprisionou. Mas para isso precisava de alguém que aceitasse cuidar dele. Ele sabia que ninguém dava crédito às palavras de Saulo, mas todos respeitavam o seu testemunho e sua palavra.

Como líderes, não devemos permitir que o passado ou pecado de alguém abale a nossa visão profética a respeito de quem ele é e pode ser em Cristo. Toda pessoa merece ser amada e integrada à Igreja, porque a vida dela foi comprada pelo sangue de Jesus. O mundo pode tentar dizer que não valemos nada, mas nós sabemos, porque está escrito na Bíblia, que a nossa vida custou o derramar do sangue mais precioso da História. Todo mundo é valioso. Não importa o que nós ou as pessoas à nossa volta digam a respeito de qualquer uma das nossas falhas e defeitos, o sacrifício de Cristo é que tem a palavra final.

> Cristo nos redimiu da maldição da lei quando se tornou maldição em nosso lugar, pois está escrito: "Maldito todo aquele que for pendurado num madeiro". (Gálatas 3.13)

> Nele temos a redenção por meio de seu sangue, o perdão dos pecados, de acordo com as riquezas da graça de Deus, a qual ele derramou sobre nós com toda a sabedoria e entendimento. (Efésios 1.7-8)

Se quisermos levantar os líderes e famílias que o mundo jamais viu, precisamos investir nas pessoas que ninguém quer. Não é uma tarefa fácil. Porém, ela vale cada gota de suor e lágrima. Cada investimento de tempo, recurso, oração e amor não será em vão. Porque são essas as pessoas e famílias desacreditadas que trarão maior glória ao Senhor. Os casos impossíveis aos olhos humanos são os casos que sustentarão a verdade de que nada é impossível para o nosso Deus.

Só seremos capazes de identificar as oportunidades que Deus tem para nós vivermos o impossível se estivermos sensíveis a voz do Espírito Santo.

AS CÉLULAS PRECISAM DE LÍDERES FAMINTOS PELO SOBRENATURAL E SENSÍVEIS AO MOVER DO ESPÍRITO COMO BARNABÉ

Os que tinham sido dispersos por causa da perseguição desencadeada com a morte de Estêvão chegaram até à Fenícia, Chipre e Antioquia, anunciando a mensagem apenas aos judeus. Alguns deles, todavia, cipriotas e cireneus, foram a Antioquia e começaram a falar também aos gregos, contando-lhes as boas novas a respeito do Senhor Jesus. A mão do Senhor estava com eles, e muitos creram e se converteram ao Senhor. (Atos 11.19-21)

Na dispersão da igreja original de Jerusalém, logo após os problemas originados pelas corajosas ações de Estêvão, o primeiro mártir da Igreja, alguns judeus que foram criados em terras de cultura grega e possuíam uma visão de mundo mais liberal do que os judeus palestinos foram para Antioquia, a terceira cidade de maior importância do Império Romano. A maioria da população era composta por gentios e sírios, embora houvesse uma numerosa colônia judaica. Lá, eles começaram a pregar o Evangelho não só aos judeus da região, mas também aos gregos. Muitos judeus, ao verem que as boas novas do Reino de Deus estavam chegando aos gregos, começaram a torcer o nariz para isso, julgando que eles não tinham parte no Reino. Contudo, enquanto muitos poderiam alegar que compartilhar o Evangelho com os gentios poderia abalar a essência da cultura da Igreja, Barnabé se encheu de alegria porque o Reino de Deus estava avançando e Suas promessas estavam se cumprindo. Pessoas estavam sendo salvas e nações abençoadas pela obra da descendência de Abraão, Jesus Cristo. Acredito que para ele era uma alegria dobrada, porque ele tinha sido criado em Chipre em meio à cultura grega.

> Notícias desse fato chegaram aos ouvidos da igreja em Jerusalém, e eles enviaram Barnabé a Antioquia. Este, ali chegando e vendo a graça de Deus, ficou alegre e os animou a permanecerem fiéis ao Senhor, de todo o coração. Ele era um homem bom, cheio do Espírito Santo e de fé; e muitas pessoas foram acrescentadas ao Senhor. (Atos 11.22-24)

As Escrituras afirmam que Barnabé era um homem cheio do Espírito Santo e de fé. Uma pessoa assim, com toda certeza, é apaixonada pelo sobrenatural. Eu acredito que ele era um homem que estava sempre à procura do próximo mover de Deus. Onde houvesse salvação, milagres, sinais e maravilhas, ali estaria Barnabé. Seja qual fosse a ação do Espírito Santo, Barnabé queria fazer parte. Essa fome por avivamento que ele carregava o tornava sensível ao que o Espírito estava fazendo. Suponho que Barnabé decidiu ir para Antioquia assim que percebeu que o mover sobrenatural que começou com Estêvão não parou com a morte dele.

Quantas vezes nós não boicotamos o novo mover de Deus em nossas casas e igrejas porque acreditamos que o crescimento vai acabar com a essência da nossa comunidade? Quantas vezes deixamos de fazer parte do novo de Deus porque não queremos abrir mão da nossa zona de conforto, nossa Jerusalém? A Palavra nos ensina que não podemos esperar que Deus venha derramar vinho novo em odres velhos. Para que venhamos viver algo novo, precisamos abrir mão do velho.

> Nem se põe vinho novo em vasilhas de couro velhas; se o fizer, as vasilhas se rebentarão, o vinho se derramará e as vasilhas se estragarão. Pelo contrário, põe-se vinho novo em vasilhas de couro novas; e ambos se conservam". (Mateus 9.17)

Um líder inabalável não se desestrutura com a chegada do novo, mas o celebra, porque é um sinal de que Deus fará algo inédito. Mas para que o novo aconteça, ele precisa sair da sua zona de conforto. O lugar que parecia uma ameaça, muitas vezes, é plataforma para o próximo nível do nosso ministério. Antioquia está intimamente conectada com a história inicial do cristianismo. Foi nesta cidade que os seguidores de Jesus, judeus e gentios, foram chamados pela primeira vez por um único nome: cristãos. E foi lá que Barnabé encorajou Paulo a pregar o seu primeiro sermão com o aval de um líder.

AS CÉLULAS PRECISAM DE LÍDERES ENCORAJADORES COMO BARNABÉ

> Então Barnabé foi a Tarso procurar Saulo e, quando o encontrou, levou-o para Antioquia. Assim, durante um ano inteiro Barnabé e Saulo se reuniram com a igreja e ensinaram a muitos. Em Antioquia, os discípulos foram pela primeira vez chamados cristãos. (Atos 11.25-26)

Diante da oportunidade de se tornar pioneiro e líder de um grande avivamento em território totalmente novo, muitos de nós ficaríamos tentados a não chamar pessoas mais talentosas do que nós, só para garantir que não teremos concorrência. Contudo, isso não é o comportamento de um líder inabalável. Barnabé tinha sua identidade tão firmada em Cristo e seu amor pelo Reino tão enraizado no coração que ele não se deixava abalar pelo potencial de Paulo. Pelo contrário, ele queria tanto ver aquela cidade transformada e o Reino estabelecido ali, que ele chamou alguém que poderia elevar o patamar daquilo que estava disposto a fazer. Porque ele entendia que a glória da missão não pertence a homens, mas a Deus.

Antioquia era uma cidade difícil de evangelizar, mas

eles tinham o Espírito Santo com eles e a revelação da Palavra de Deus. Eles tinham a Verdade e a Palavra para endossar o testemunho de Cristo. A única coisa que eles precisavam para garantir que seus nomes estivessem escritos no livro de Atos dos Apóstolos era agir em fé e debaixo do comando do Espírito Santo.

Durante muito tempo, Barnabé encorajou Paulo a estabelecer a igreja e a ensinar acerca do Reino naquela cidade, multiplicando a igreja de casa em casa para formar discípulos. Chegou o momento em que em Antioquia havia uma igreja generosa e cheia do Espírito Santo, assim como seus líderes, Paulo e Barnabé.

> Naqueles dias alguns profetas desceram de Jerusalém para Antioquia. Um deles, Ágabo, levantou-se e pelo Espírito predisse que uma grande fome sobreviria a todo o mundo romano, o que aconteceu durante o reinado de Cláudio. Os discípulos, cada um segundo as suas possibilidades, decidiram providenciar ajuda para os irmãos que viviam na Judéia. E o fizeram, enviando suas ofertas aos presbíteros pelas mãos de Barnabé e Saulo.
> (Atos 11.27-30)

AS CÉLULAS PRECISAM DE LÍDERES CHEIOS DO ESPÍRITO SANTO COMO BARNABÉ

Na igreja de Antioquia havia profetas e mestres: Barnabé, Simeão, chamado Níger, Lúcio de Cirene, Manaém, que fora criado com Herodes, o tetrarca, e Saulo. Enquanto adoravam ao Senhor e jejuavam, disse o Espírito Santo: "Separem-me Barnabé e Saulo para a obra a que os tenho chamado". Assim, depois de jejuar e orar, impuseram-lhes as mãos e os enviaram. Enviados pelo Espírito Santo, desceram a Selêucia e dali navegaram para Chipre. Chegando em Salamina, proclamaram a palavra de Deus nas sinagogas judaicas... (Atos 13.1-5)

Para expandirmos o Reino, é essencial que estejamos cheios do Espírito Santo para que não sejamos abalados pela resistência das trevas. Quando estamos cheios do poder e da autoridade de Deus, nós nos tornamos inabaláveis. Chegando em Salamina, Barnabé e Saulo viajaram por toda a ilha, até chegarem à cidade de Pafos em Chipre. Ali encontraram um judeu, chamado Barjesus, que praticava magia e era um falso profeta. Ele era assessor do procônsul romano Sérgio Paulo. O procônsul era embaixador do Império Romano naquela cidade.

E sendo ele um homem culto, mandou chamar os apóstolos, porque queria conhecer a mensagem que pregavam. Contudo, Barjesus opôs-se a eles e, por inúmeras vezes, tentou difamá-los diante de Sérgio Paulo. Então Saulo, cheio do Espírito Santo, olhou firmemente para o mago e disse: "Filho do diabo e inimigo de tudo o que é justo! Você está cheio de toda espécie de engano e maldade. Quando é que vai parar de perverter os retos caminhos do Senhor? Saiba agora que a mão do Senhor está contra você. E você ficará cego e incapaz de ver a luz do sol por algum tempo". Imediatamente vieram sobre Barjesus névoa e escuridão e ele, tateando, procurava quem o guiasse porque estava cego. A demonstração de autoridade e poder foi tão notória que o procônsul, vendo o que havia acontecido, ficou profundamente impressionado e creu no Evangelho. Depois disso, Barnabé e Saulo, agora conhecido como Paulo, foram à sinagoga judaica e falaram de tal modo, cheios do Espírito, que uma grande multidão de judeus e gentios se converteu. Paulo e Barnabé passaram bastante tempo ali, falando corajosamente do Senhor, que confirmava a mensagem com sinais e maravilhas pelas mãos deles.

    O que eu quero destacar aqui é que não existem argumentos contra alguém que é cheio do Espírito de Deus. Tais líderes manifestam o evangelho com palavra e poder, teoria e prática. E quando temos a manifestação do poder de Deus, é inquestionável a existência de um Deus soberano que é maior que qualquer outra força sobrenatural. O poder de Deus capta a nossa atenção de uma forma que palavras não conseguem. O sobrenatural abre caminho para libertar mentes e despertar o desejo de viver para Cristo.

Certo dia, estávamos em uma célula pregando a Palavra e ensinando a respeito de como a Igreja avançava manifestando o poder libertador do Espírito Santo. Todos nós estávamos sentindo que a presença de Deus estava tomando o ambiente. De repente, no meio da reunião, um jovem começou a chorar compulsivamente. Pensei comigo: "O Espírito Santo pegou essa pessoa de jeito". Antes mesmo que eu tivesse a chance de abordá-lo para tentar entender o que estava acontecendo, ele saiu de onde estava sentado e começou a tirar vários pinos de cocaína dos bolsos. A mesa de centro da sala ficou cheia de drogas, enquanto aquele jovem renunciava seu antigo estilo de vida, dizendo: "Eu não quero mais isso para a minha vida. Eu quero Jesus!". Depois disso, nós oramos ministrando o que o Espírito Santo queria liberar sobre ele. E o convidamos a fazer parte da nossa comunidade para consolidarmos o que Deus fez naquela noite. Eu não me lembro de ter feito qualquer menção a vícios ou drogas no meu sermão. Nós simplesmente estávamos reunidos para adorar a Deus, ouvir Sua Palavra e deixar o Espírito Santo transbordar de nossas vidas. Foi como a Palavra de 2 Coríntios 3.17:

> Ora, o Senhor é o Espírito e, onde está o Espírito do Senhor, ali há liberdade.

Estar cheio do Espírito Santo é um fator imprescindível para não apenas despertamos as pessoas à nossa volta como também para consolidá-las por meio do discipulado.

AS CÉLULAS PRECISAM DE LÍDERES CONSOLIDADORES COMO BARNABÉ

> Eles pregaram as boas novas naquela cidade e fizeram muitos discípulos. Então voltaram para Listra, Icônio e Antioquia, fortalecendo os discípulos e encorajando-os a permanecer na fé, dizendo: "É necessário que passemos por muitas tribulações para entrarmos no Reino de Deus". Paulo e Barnabé designaram-lhes presbíteros em cada igreja; tendo orado e jejuado, eles os encomendaram ao Senhor, em quem haviam confiado.
> (Atos 14.21-23)

Barnabé e Paulo, além de levarem o avivamento aonde iam, empenhavam-se em tornar a experiência sustentável para a comunidade, consolidando as pessoas na fé e ajudando-as se tornarem líderes. Não basta apenas despertar a Igreja, precisamos estimular seus membros a crescerem na fé e se tornarem discípulos de Cristo. Precisamos encorajá-los e confrontá-los para construir novos hábitos por meio de disciplinas espirituais, como jejum, oração, vida de adoração, leitura da Bíblia e o serviço na comunidade. Formar discípulos leva tempo e nos custa muito. Porém, se não consolidarmos o fruto que geramos, ele morrerá e jamais conseguiremos multiplicar o que estamos concebendo para o Senhor. O discipulado é o coração da célula. E a célula é o poder da igreja nos lares. E a igreja nas casas é o Reino de Deus expandindo na sociedade. É impossível dizer que estamos expandindo o Reino sem termos frutos consolidados.

AS CÉLULAS PRECISAM DE LÍDERES COMPROMETIDOS COM A IGREJA E A EXPANSÃO DO REINO

Alguns homens desceram da Judéia para Antioquia e passaram a ensinar aos irmãos: "Se vocês não forem circuncidados conforme o costume ensinado por Moisés, não poderão ser salvos". Isso levou Paulo e Barnabé a uma grande contenda e discussão com eles. Assim, Paulo e Barnabé foram designados, juntamente com outros, para irem a Jerusalém tratar dessa questão com os apóstolos e com os presbíteros. A igreja os enviou e, ao passarem pela Fenícia e por Samaria, contaram como os gentios tinham se convertido; essas notícias alegravam muito a todos os irmãos. Chegando a Jerusalém, foram bem recebidos pela igreja, pelos apóstolos e pelos presbíteros, a quem relataram tudo o que Deus tinha feito por meio deles. (Atos 15.1-4)

Quando o Evangelho foi anunciado aos gentios e estes aceitaram a Jesus Cristo como o Filho de Deus, os cristãos de origem judaica, que eram circuncidados, entenderam que os gentios que se tornavam cristãos também precisavam ser circuncidados. E isso começou a criar uma divisão dentro da Igreja. Assim, uma reunião foi convocada em Jerusalém com as principais lideranças cristãs para discutir a questão e trazer ordem para o Corpo de Cristo. Como representantes de Antioquia, Paulo e Barnabé foram dar testemunho do que Deus estava fazendo e se posicionar sobre a questão, prezando pela unidade da Igreja.

> Toda a assembléia ficou em silêncio, enquanto ouvia Barnabé e Paulo falando de todos os sinais e maravilhas que, por meio deles, Deus fizera entre os gentios. (Atos 15.12)

Depois de ouvirem testemunhos acalorados, o apóstolo Pedro levantou-se e dirigiu-se à assembleia recordando o episódio que protagonizou na casa do centurião Cornélio. Tiago também tomou a palavra e comentou o ponto exposto por Pedro, destacando que Deus se voltou para os gentios a fim de levantar entre as nações um povo para o Seu nome. Ao final da reunião, foi decidido que a Igreja não deveria impor dificuldades aos gentios que estavam se convertendo a Deus. Pelo contrário, eles deveriam trazer direcionamento e comissionar discipuladores e líderes para consolidar os novos convertidos.

> Assim, concordamos todos em escolher alguns homens e enviá-los a vocês com nossos amados irmãos Paulo e Barnabé, homens que têm arriscado a vida pelo nome de nosso Senhor Jesus Cristo. Portanto, estamos enviando Judas e Silas para confirmarem verbalmente o que estamos escrevendo. Pareceu bem ao Espírito Santo e a nós não impor a vocês nada além das seguintes exigências necessárias: Abster-se de comida sacrificada aos ídolos, do sangue, da carne de animais estrangulados e da

imoralidade sexual. Vocês farão bem em evitar essas coisas. Que tudo lhes vá bem. (Atos 15.25-29)

Barnabé e Paulo lutaram para mostrar que o Evangelho é para todos e que a Igreja de Cristo não deve impor a cultura do Reino, mas estabelecê-la com amor e poder. Não por força ou violência, mas pelo Espírito. Nada que é forçado é atraente às pessoas. A cultura do Reino é algo que por si só nos confronta e promove mudança de hábitos. Em nossas células, devemos aceitar cada um como vem, porque foi assim que Jesus nos aceitou. Contudo, o nosso estilo de vida e o nosso amor devem naturalmente estimular nossos discípulos a não permanecerem como chegaram, mas a buscarem mudança de vida. O nosso exemplo é a melhor forma de ensino.

Ainda que os nossos liderados e discípulos nos decepcionem nesse processo, devemos continuar acreditando neles assim como Jesus acredita em nós, mesmo quando falhamos.

AS CÉLULAS PRECISAM DE LÍDERES QUE CREEM NO LEGADO COMO BARNABÉ

Algum tempo depois, Paulo disse a Barnabé: "Voltemos para visitar os irmãos em todas as cidades onde pregamos a palavra do Senhor, para ver como estão indo". Barnabé queria levar João, também chamado Marcos. Mas Paulo não achava prudente levá-lo, pois ele, abandonando-os na Panfília, não permanecera com eles no trabalho. Tiveram um desentendimento tão sério que se separaram. Barnabé, levando consigo Marcos, navegou para Chipre, mas Paulo escolheu Silas e partiu, encomendado pelos irmãos à graça do Senhor. Passou, então, pela Síria e pela Cilícia, fortalecendo as igrejas.(Atos 15.36-41)

A princípio, Paulo não quis levar João Marcos novamente em sua viagem porque havia se decepcionado muito com ele. Esse jovem os havia abandonado no meio de uma viagem missionária para Perge por motivos não declarados (Atos 13.13). Para Paulo, João Marcos havia fracassado na missão anterior e não era digno de confiança para a próxima, pois, naquela época, essas missões poderiam lhes custar a vida. Não sabemos ao certo o que aconteceu realmente com João Marcos em relação ao seu fracasso como missionário, mas podemos deduzir que talvez ele tenha desistido por medo, pouca convicção do seu chamado missionário diante das dificuldades ou saudades de casa. Por ser bem jovem, é mais provável que sua hora não tivesse chegado. Porém, ele recebeu uma segunda chance através de Barnabé. O apóstolo quis levar consigo o jovem que tinha fracassado na primeira viagem, porque podia enxergar o grande potencial que ele tinha. Creio que ele conseguiu ver além da visão humana e enxergou João Marcos como Deus o via, em sua identidade revelada, não contido pelas limitações carnais. Mesmo estando mais velho, o coração de Barnabé ainda era o mesmo e sua visão profética como líder ainda estava aguçada. Ele sabia que João Marcos tinha pisado na bola, porém ele via em Marcos o mesmo potencial que via em seu amigo Paulo antes de se converter, e sabia que aquele rapaz carregava o potencial de ser útil no ministério e na história da Igreja.

Depois de discutirem, Paulo e Barnabé romperam a sua longa parceria missionária, porque Paulo descartou João Marcos e levou consigo Silas. Contudo, aqui está a última lição de Barnabé para sermos líderes inabaláveis. Jamais permita que um relacionamento abale o seu propósito. Às vezes, precisaremos abrir mão de uma parceria, de uma sociedade, para cumprir o propósito de Deus. E não há nada de mau nisso. Paulo e Barnabé desfizeram a parceria, porém permaneceram amigos e irmãos na fé. Barnabé sabia que o seu chamado naquele momento era discipular João Marcos como parte do seu legado. E ele foi fiel nisso. Como sempre, Deus também foi fiel e recompensou o investimento de Barnabé, e o próprio Paulo reconheceu isto mais tarde em sua segunda carta a Timóteo.

> ... Está próximo o tempo da minha partida. Combati o bom combate, terminei a corrida, guardei a fé. Agora me está reservada a coroa da justiça, que o Senhor, justo Juiz, me dará naquele dia; e não somente a mim, mas também a todos os que amam a sua vinda. Procure vir logo ao meu encontro, pois Demas, amando este mundo, abandonou-me e foi para Tessalônica. Crescente foi para a Galácia, e Tito, para a Dalmácia. Só Lucas está comigo. Traga Marcos com você, porque ele me é útil para o ministério.
> (2 Timóteo 4.6-11)

A recusa de Paulo em levar Marcos na segunda viagem missionária poderia ter causado um distanciamento permanente entre os dois, mas felizmente isto não aconteceu. Durante os últimos anos da vida do apóstolo Paulo, Marcos lhe fez companhia, permanecendo ao seu lado nos momentos mais difíceis. Na carta aos Colossenses, Paulo escreveu que Marcos estava com ele em Roma e possivelmente visitaria a igreja em Colossos (Colossenses 4.10). Quando o apóstolo escreveu para Filemom, colocou o jovem discípulo na lista dos seus cooperadores (Filemon 2.4). Que transformação! Marcos amadureceu e passou a ser uma bênção na obra do Senhor. Barnabé creu naquele jovem, discipulou-o durante a viagem para Chipre e o levantou para o ministério. O resultado desse discipulado veio a ser o primeiro registro do ministério de Jesus: o evangelho de Marcos. Esse evangelho foi a base para os outros evangelhos. Barnabé foi um dos maiores discipuladores e líderes da Igreja Primitiva, e ele deixou um legado. Um homem generoso, amoroso, humilde, apaixonado pelo sobrenatural e comprometido com o Espírito Santo e o Reino.

Eu acredito que todos nós podemos ser líderes e discipuladores extraordinários como ele foi. Basta termos a coragem de sonharmos como ele sonhou e cultivarmos a visão profética que ele tinha. E se as pessoas à sua volta disserem que os seus sonhos são loucura, comemore! Se elas rirem daquilo que você diz que fará ao lado de Deus, continue sonhando desse jeito. Porque o que a maior parte das pessoas não entendem é que dizer que um sonho de Deus é loucura não é um insulto, mas um elogio. São sonhos loucos que mudam a história. Por isso, não tente apenas ser um bom líder de célula na sua igreja ou na sua cidade. Seja o melhor líder de célula da história. Não se contente em viver uma vida em que tenha de escolher entre a sua carreira profissional ou seu ministério. Escolha viver a plenitude dos dois, porque você já é um ministro de tempo integral, independentemente do seu cargo ou área de atuação. Quando alguém der um testemunho sobre o poder de Deus invadindo as casas para salvar, libertar, curar e amar pessoas, certifique-se de que o testemunho que está sendo contado é seu. Não imagine você tentando abrir caminho no Céu para tentar falar com Paulo ou Barnabé; imagine esses apóstolos tentando falar com você quando chegar lá. Acredite que você pode, sim, contribuir para a expansão do Reino aqui na Terra, mesmo que isso signifique sacrificar tudo. Porque dar tudo de si é a prova de que você está vivendo por algo que vale mais do que a sua vida.

Deus está à procura de líderes inabaláveis; busca sonhadores como o apóstolo Barnabé: pessoas que amam tanto a Ele e à Sua Igreja que não têm medo de crer e investir suas vidas naquilo que parece loucura; cristãos que não se abalam com coisas passageiras, porque estão firmados em seu amor, que é eterno.

Eu tenho uma convicção em meu espírito que se este livro chegou até às suas mãos e você chegou até aqui, é porque claramente existe um convite celestial sendo feito da parte de Deus: "Venha sonhar comigo! Venha expandir o nosso Reino de casa em casa!". E se a sua resposta para esse chamado é "sim", prepare-se! Daqui para frente, o Espírito Santo vai começar a revelar e a confirmar a incrível verdade de que tudo o que você precisa para se tornar um líder inabalável já está dentro de você. Tudo o que você precisa é dar liberdade para Ele desenvolver o seu potencial.

CAPÍTULO CINCO

OS PEQUENOS COMEÇOS

Tudo o que é grandioso nos fascina. Todos nós temos admiração por grandes coisas: grandes sonhos, pessoas, ministérios, monumentos, conquistas, invenções e descobertas. Não é por acaso que sentimos isso, afinal o Senhor nos fez para sermos Sua imagem e semelhança, isso inclui sonharmos grande como Ele. O nosso Deus é imenso e abundante em tudo o que faz, por consequência tudo no que Ele está envolvido se torna grande. Portanto, se Deus deu a você um sonho ou o chamou para fazer parte de algo, comece a aumentar sua visão, porque nada do que Ele faz está destinado a ser pequeno. Entretanto, mesmo diante desta visão que contempla proporções amplas, precisamos ter o entendimento de que as coisas não começam em grandes dimensões. Não há nenhum grande edifício que foi erguido sem antes ter começado com uma pedra de esquina. Não há nenhuma grande árvore que não tenha sido uma semente. Nem há nenhum homem que não tenha sido um embrião. Grandes empresas, como Apple, Amazon, Google e Microsoft, começaram em uma garagem. Grandes igrejas e ministérios iniciaram seus trabalhos com reuniões feitas na sala da casa de alguém. Da mesma forma que a mostarda, a maior das hortaliças, nasce da menor das sementes, as grandes obras e empreitadas do Reino dos Céus têm pequenos começos (Marcos 4.30-32). O próprio Jesus quando veio ao mundo cumprir Seu chamado veio como um bebê. E até quando já estava adulto, decidiu começar Seu ministério sendo batizado como qualquer novo convertido, mesmo não precisando (Mateus 3.14-15). Ele iniciou sua vida e ministério aqui na Terra como um ser humano normal para mostrar que não podemos pular etapas quando se trata das coisas de Deus. Não desprezar os pequenos começos é um princípio do Reino, que nem mesmo o nosso Senhor escolheu desrespeitar. E se Jesus não desprezou os pequenos começos, quem somos nós para fazer diferente. À vista disso, precisamos honrar o início de tudo, mesmo que pequeno, para desenvolver humildade e caráter, a fim de aproveitar plenamente aquilo que Deus tem para nós.

Muitos de nós, quando vemos megaigrejas, grandes ministérios ou enormes movimentos e conferências, desejamos desenvolver coisas semelhantes em nossas comunidades. Tentamos aplicar o que vimos em nosso dia a dia. E não há nada de errado nisso. Precisamos, sim, ter boas e grandes referências para nivelar nossos sonhos e projetos por cima. Contudo, ainda vejo muitas pessoas deixando de começar colocar a "mão na massa" por se prenderem a detalhes e recursos que, na maioria das vezes, não temos acesso logo no começo. Deixamos de agir porque permitimos que a comparação com outros nos desmotive. A comparação não é saudável em nenhum momento, porque ou ela nos faz sentir orgulhosos ou fracassados. Se saímos bem de uma comparação, acabamos nos achando melhores do que os outros. E se saímos mal, sentimo-nos menores. Por isso, devemos focar nas nossas próprias histórias, em vez de perder tempo achando que a grama do vizinho é mais verde. A realidade é que talvez a grama dele seja realmente mais verde hoje, porque ele começou a cultivá-la há 10 anos. Nós, que estamos começando agora, precisamos nos atentar à visão profética que Deus nos dá para perseverar, confiando que Ele dará o crescimento no tempo certo. Se Deus confiou a você uma missão de abrir uma célula e começar um pequeno grupo, seja fiel com esse comissionamento e seja o melhor anfitrião. Não se prenda a fórmulas e modelos de outros ministérios porque tanto o chamado como a unção que eles têm são diferentes. Isso significa que aquilo que funcionou para eles não funcionará necessariamente com você, que não estava no mesmo contexto, debaixo do mesmo chamado e unção. Você pode ser muito bem-sucedido em reproduzir a excelência e a até as fórmulas de outras pessoas, entretanto, se isso não foi o que Deus te pediu para fazer, você estará sendo bem-sucedido em fracassar. Sucesso no Reino é ser fiel naquilo que Ele nos pediu, usando o que Ele nos deu. Como Jesus nos ensina na parábola das minas.

> ...Um homem de nobre nascimento foi para uma terra distante para ser coroado rei e depois voltar. Então, chamou dez dos seus servos e lhes deu dez minas. Disse ele: 'Façam esse dinheiro render até à minha volta'. "Mas os seus súditos o odiavam e depois enviaram uma delegação para lhe dizer: 'Não queremos que este homem seja nosso rei'. "Contudo, foi feito rei e voltou. Então mandou chamar os servos a quem dera o dinheiro, a fim de

saber quanto tinham lucrado. "O primeiro veio e disse: 'Senhor, a tua mina rendeu outras dez'. " 'Muito bem, meu bom servo!', respondeu o seu senhor. 'Por ter sido confiável no pouco, governe sobre dez cidades'." O segundo veio e disse: 'Senhor, a tua mina rendeu cinco vezes mais'. "O seu senhor respondeu: 'Também você, encarregue-se de cinco cidades'." Então veio outro servo e disse: 'Senhor, aqui está a tua mina; eu a conservei guardada num pedaço de pano. Tive medo, porque és um homem severo. Tiras o que não puseste e colhes o que não semeaste'." O seu senhor respondeu: 'Eu o julgarei pelas suas próprias palavras, servo mau! Você sabia que sou homem severo, que tiro o que não pus e colho o que não semeei. Então, por que não confiou o meu dinheiro ao banco? Assim, quando eu voltasse o receberia com os juros'." E disse aos que estavam ali: 'Tomem dele a sua mina e dêem-na ao que tem dez'." 'Senhor', disseram, 'ele já tem dez!' "Ele respondeu: 'Eu lhes digo que a quem tem, mais será dado, mas a quem não tem, até o que tiver lhe será tirado. (Lucas 19.12-26)

Aqui podemos identificar um princípio muito importante para um líder que está começando a conduzir sua célula para o crescimento e multiplicação: a fidelidade. Não importa com quanto recursos começamos, se somos fiéis com o que Deus nos pediu para multiplicar, Ele nos confiará mais dos seus tesouros e até mesmo cidades. Em nosso caso, as minas e tesouros são as células e as vidas que lideramos. Quando somos bons mordomos e contribuímos para que Reino de Deus seja pregado nos lares e trabalhamos para levar mais vidas para Jesus, o Senhor nos recompensa com mais autoridade e influência para expandirmos o Reino em nossas cidades. Não importa se a sua começa com três pessoas, como foi comigo, ou com vinte pessoas. O que fará com que alcancemos a multiplicação dos frutos não são fórmulas ou mesmo modelos estabelecidos pelo homem, mas o princípio celestial da fidelidade. Tudo isso me faz lembrar do meu pequeno começo.

Quando comecei a liderar a minha primeira célula em 2011, na casa dos meus pais, ainda estava muito inseguro. Havia recebido o convite da liderança da minha Igreja para ser pioneiro do modelo de células na cidade de Marília-SP junto com outros líderes. Como havia comentado antes, depois de participar de uma conferência sobre células, eu havia me apaixonado por essa estratégia de expansão da Igreja nas casas. Contudo, por mais que eu tenha visto como funcionava o modelo na prática, eu ainda não fazia ideia de como começar. Era tudo novo para nós, para a Igreja e para a nossa cidade. Na época, não tínhamos Whatsapp, Facebook ou Instagram para ajudar a divulgar o que estávamos fazendo. Nossa comunicação era toda feita por ligações, mensagens de celular, *e-mail*, convites em meio a conversas casuais depois dos cultos e recados no Orkut. Há dez anos, não tínhamos muitos dos recursos que temos hoje para promover a inauguração de células novas ou mesmo compartilhar o que Deus estava fazendo em cada reunião. Tudo era quase que no convite "boca a boca", o que dificultava muito o nosso crescimento no início. Lembro que antes de inaugurar minha primeira célula convidei dezenas de pessoas, entre amigos e familiares. Contudo, para a minha surpresa, só apareceram duas pessoas, a minha namorada, hoje esposa, e um amigo. Isso mesmo. Pode acreditar, fiquei desanimado e frustrado! Pensei que na casa do meu pai não caberiam as pessoas que convidei, mas o que aconteceu foi que sobraram muitos lugares.

Isso se repetiu por algumas semanas até que comecei a ficar desapontado e querer abrir a mão daquela célula. Já estava murmurando coisas do tipo: "Isso não é para mim! Essa coisa de célula só funciona para aquelas pessoas da conferência que fomos em Santarém. Aqui em Marília é diferente. As pessoas não estão mais acostumadas a viver em comunidade por aqui". Nesse período de desapontamento, murmuração e desmotivação, comecei a duvidar das palavras de Deus e daquilo que queimava no meu coração. E isso acabou sendo muito bom, porque me fez voltar ao foco da missão. O foco das células não era a quantidade de membros, mas sim a qualidade da transformação de vidas ali. Eu estava tão ansioso para ver o resultado final do trabalho que não pude valorizar o pequeno começo. Não entendia que havia acabado de semear uma semente no solo, e que era preciso tempo para germinar e virar uma árvore cheia de frutos. Eu queria servir milhares de vidas, mas estava desprezando as duas pessoas que o Senhor havia me confiado. Ao me dar conta disso, apresentei-me diante do Senhor em minhas orações e pedi perdão por minha imaturidade e falta de compromisso com as vidas. Comprometi-me em ser fiel com aquilo que estava em minhas mãos, e não focar no que o Ele podia dar, mas sim no que Ele podia multiplicar. Eu poderia ter começado meu ministério sem ter se quer uma vida para Ele multiplicar, porém, em sua soberana bondade e sabedoria, o Senhor me confiou duas pessoas maravilhosas para cuidar e discipular. E eu precisava dar o meu máximo para recebê-las e servi-las como se estivéssemos em uma célula de 50 pessoas.

A partir daquele dia, comecei a me empenhar em melhorar como anfitrião e pregador na minha célula.

Dediquei-me a ser mais constante em minhas disciplinas espirituais e buscar ser cheio do Espírito Santo. Algo no meu coração me trazia a convicção de que, se eu fosse fiel em abençoar e amar quem estava comigo, levando cada um para uma vida de maior intimidade com Deus, começaríamos a viver uma experiência sobrenatural coletiva com Deus e um crescimento exponencial. Os dois se tornariam quatro, para virarem oito. E os oito se multiplicariam em dezesseis, até que esses se transformassem em trinta em dois e não tivéssemos espaço na célula. Assim teríamos de abrir mais uma célula na cidade e o Reino avançaria mais em Marília! E, para glória do Senhor, foi exatamente isso que aconteceu. Depois de alguns meses, os frutos e testemunhos do que Deus estava fazendo em minha vida e nas vidas da minha namorada e meu amigo começaram a se espalhar e atrair pessoas para a célula. Em questão de quase três meses, meu pequeno grupo já estava com mais de 40 pessoas que eu amava e cuidava com tanta atenção como aprendi a fazer nos primeiros dias. Darei mais detalhes sobre esse e outros milagres nos próximos capítulos quando falarmos sobre o "teste do tempo e da perseverança" e o "milagre da multiplicação".

    Durante o meu pequeno começo, aprendi que é impossível crescer e ser fiel sem ser apaixonado por aquilo que Deus nos deu para executar. A visão só avança quando o dono se faz presente no cumprimento dela!

Sempre que falamos sobre valorizar a visão e os nossos pequenos começos, vem-me à memória o capítulo 4 do livro de Zacarias, no qual vemos Deus falar, por meio do profeta, que aquele que despreza o dia das pequenas coisas não tem ideia do que pode resultar!

> Esta é a palavra do Senhor para Zorobabel: "Não por força nem por violência, mas pelo meu Espírito", diz o Senhor dos Exércitos. "Quem você pensa que é, ó montanha majestosa? Diante de Zorobabel você se tornará uma planície. Ele colocará a pedra principal aos gritos de 'Deus abençoe! Deus abençoe!". Então o Senhor me falou: "As mãos de Zorobabel colocacaram os fundamentos deste templo; suas mãos também o terminarão. Assim saberão que o Senhor dos Exércitos me enviou a vocês. **Pois aqueles que desprezaram o dia das pequenas coisas terão grande alegria ao verem a pedra principal nas mãos de Zorobabel"**... (Zacarias 4.6-10 – grifo do autor)

Para que possamos compreender toda a revelação por trás dessa passagem, precisamos de um pouco de contexto histórico. Quando Nabucodonosor, imperador da Babilônia, conquistou Jerusalém, ele levou os israelitas para o exílio e destruiu o templo que havia sido construído pelo rei Salomão na Cidade Santa. Depois de 70 anos de exílio, logo após a queda do Império Babilônico, o rei Ciro assinou um decreto liberando o povo de Deus para voltar para Jerusalém e reconstruir o templo (Esdras 1.2-4). Os israelitas levaram vários materiais para a reconstrução e diversos utensílios do templo, que haviam sido levados por Nabucodonosor. Zorobabel, um descendente direto do rei Davi, foi um dos exilados que voltou e se tornou o governador de Judá. Ele foi responsável pela reconstrução do templo, onde o povo pôde voltar a oferecer sacrifícios ao Senhor. Durante todo o processo, Zorobabel enfrentou muita resistência e diversas dificuldades, pois nem todos se alegraram e apoiaram a reconstrução do templo. Os povos estrangeiros que moravam em Israel tinham inimizade com o Senhor e tentaram impedir seu trabalho (Esdras 4.4-5), retardando ainda mais o processo de reconstrução. Diante desse cenário e da demora para ver o templo pronto, os próprios israelitas começaram a perder o interesse na edificação do templo e passaram a priorizar a construção de suas próprias casas e negócios. Isso fez com que Zorobabel fosse impedido de completar a obra no templo (Esdras 4.23-24) por alguns anos. Contudo, mesmo em meio a tantas dificuldades, ele não desistiu. Deus enviou os profetas Zacarias e Ageu para encorajar Zorobabel a ter uma visão profética e confiar no Espírito de Deus para completar a boa obra. Ele não poderia desprezar o fruto daquilo que tinha começado e desistir, só porque não estava vendo o templo pronto. "Ora, a fé é a certeza daquilo que esperamos e a prova das coisas que não vemos" (Hebreus 11.1). Aquilo que Ele estava fazendo era uma obra muito maior do que ele mesmo ou os israelitas da época. O que eles estavam construindo era algo que serviria para conectar as futuras gerações com Deus. Depois disso, o profeta Ageu também repreendeu o povo por terem esquecido da obra do templo e os animou a voltar ao trabalho (Ageu 1.2-4). Todo esse consolo e encorajamento profético fez com que Zorobabel conseguisse completar a construção do templo. Nós, muitas vezes, não temos essas mesmas atitudes. Ao contrário, não conhecemos o nosso propósito, não sabemos onde queremos chegar, o que Deus quer de nós. Com isso, facilmente perdemos o foco e o entusiasmo que tínhamos nos primeiros dias. Damos ouvidos a todas as palavras contrárias, abatemo-nos e nos frustramos com o passar do tempo. Até chegar ao ponto em que desprezamos as palavras dos profetas, desacreditamos das palavras dos nossos líderes e pastores. E, por fim, desistimos.

Talvez nós não tenhamos vivido ainda o melhor de Deus em nossas vidas, porque temos desprezado os pequenos começos e ignorado os pequenos sinais que Senhor nos tem dado.

Assim como Zorobabel, precisamos confiar na visão que Deus nos deu para a nossa família, trabalho e ministério. Porque a nossa visão será o nosso limite. Ninguém vai além da visão que possui, por isso Deus está sempre nos perguntando: "O que você está vendo?".

O tamanho da nossa visão profética será o tamanho da nossa profissão, da nossa empresa, do nosso ministério e da nossa família. Precisamos de uma visão digna do nosso Deus. Só assim teremos um "porquê" sólido para terminar tudo o que começamos. Eu creio que, pela fé, nós veremos a cidade de Marília sendo cheia do conhecimento da glória de Deus como as águas cobrem o mar (Habacuque 2.14). Pelos olhos da fé, já enxergo que aquilo que Deus começou com o Pr. Domingos não vai parar de crescer, enquanto perseverarmos na visão de expandir o Reino de Deus de casa em casa. Já consigo ver a nossa nova sede pronta, um grande prédio para 5.000 pessoas sentadas; o prédio de educação infantil com 32 salas de aula; o centro de oração 24 horas por dia; os estacionamentos para mais de 2.000 carros;

a nossa escola de profetas recebendo jovens de todas as nações para serem treinados em nossa igreja e enviados para o mundo como avivalistas. Eu sei que nada disso acontecerá da noite para o dia, porém eu estou disposto a ver o nosso ministério se tornar esse sucesso, ainda que isso nos custe dez ou vinte anos. Você está disposto a pagar o preço dos pequenos começos e viver a plenitude das promessas de Deus? O Senhor tem grandes planos para nós como igreja e talvez isso pareça tão distante de acontecer. Olhamos outros ministérios e acabamos nos comparando, achando que nunca alcançaremos as promessas. Estamos no tempo dos pequenos começos, ou recomeços, e se perseverarmos, dando o nosso melhor, viveremos a plenitude do que Deus nos confiou.

Assim como Deus escolheu Zorobabel, Esdras, Neemias, Davi e tantos outros, para propósitos específicos, Deus escolheu você. Ele o escolheu para evangelizar, cuidar de vidas e formar discípulos de Cristo. A célula que hoje você tem na mão é o seu treinamento para grandes coisas que o Senhor colocará na sua vida. Seja fiel e persevere. Quais têm sido os pequenos começos na sua vida, seja no seu casamento, na sua família, no seu trabalho, na sua saúde, no seu chamado, no seu ministério? Tem enfrentando luta e resistência? Ainda que venhamos a nos deparar com oposição ou falta de motivação, mesmo assim, seja fiel nos pequenos começos. Dê o seu melhor, seja paciente e perseverante. Os seus melhores dias não estão atrás de você, mas à sua frente! Assim como Zorobabel, tenha um propósito e um objetivo definido. Não dê ouvido para as palavras contrárias à Palavra de Deus. Honre a Deus confiando e perseverando em Suas promessas e Ele o honrará! Afinal, Deus não é homem para que minta ou se arrependa do que diz (Números 23.19). Ele é a própria verdade. Portanto, tudo que vem d'Ele é real e verdadeiro.

Creia em grandes coisas da parte de Deus. Faça grandes coisas para Deus.

Não há impossíveis para Ele em todas as suas promessas (Lucas 1.37). Tudo é possível àquele que crê (Marcos 9.23).

Coloque paixão naquilo que está em suas mãos, seja fiel e você viverá grandes milagres. Pela fé em Cristo Jesus, eu creio que você já é pai ou mãe de multidões. Rompa com os limites e aumente sua visão sobre o que está diante de você! Sonhe um sonho digno do seu Deus.

CAPÍTULO SEIS

O TESTE DO TEMPO E DA PERSEVERANÇA

No capítulo anterior, nós falamos sobre a importância de valorizarmos os pequenos começos. Comentamos sobre como, muitas vezes, podemos perceber eles como algo tão minúsculo e insignificante quanto um grão de mostarda. Porém, da mesma maneira que esse pequeno grão, se for cultivado com fidelidade, pode dar origem a maior das hortaliças, os nossos pequenos começos têm a capacidade de gerar grandes frutos se formos fiéis com a visão que Deus nos confiou.

Se formos fiéis com a visão de Deus para as nossas células, colheremos salvações, libertações, milagres e muitos discípulos. Porque tudo que Deus nos confia ou nos chama a fazer está destinado a dar frutos. O Senhor é um Deus que nunca falha. Tudo que Ele planeja se cumpre. A única questão é quanto tempo leva até elas se cumprirem. Não é porque algo nos foi prometido hoje que ele acontecerá instantaneamente. Toda semente está destinada a crescer e dar fruto. Mas não é porque ela tem esse propósito que ele se cumprirá da noite para o dia. Davi foi ungido Rei de Israel ainda adolescente, mas demorou 14 anos para chegar até o trono de Jerusalém e viver a plenitude da sua promessa. Jacó lutou com Deus no vale de Jaboque e recebeu uma nova identidade, Israel. O seu novo nome significava "aquele que luta com Deus", enquanto seu antigo significava "traiçoeiro". Contudo, não é porque ele recebeu uma nova identidade que no mesmo dia ele já se enxergava como um homem vitorioso que lutou com Deus. Jacó precisou de alguns anos para deixar de se enxergar como um trapaceiro e começar a viver de acordo com seu novo nome. Até o próprio Jesus não viveu a sua promessa instantaneamente. Ele era Messias e mesmo assim teve de nascer como um bebê, esperar 30 anos para se tornar homem adulto e começar o Seu ministério. Até mesmo depois de ser confirmado por Deus como Seu filho, Ele precisou passar 40 dias no deserto em jejum e oração antes manifestar o Reino de Deus. O que estou querendo dizer aqui é que por mais que nós tenhamos uma Palavra de Deus, precisamos passar pelo teste do tempo e da perseverança para vivermos o que Senhor tem para nós.

Se você é um líder de célula, saiba que você passará por esse teste antes de experimentar o romper que levará ao crescimento do seu pequeno grupo. Porém, não se desanime. Tenha bom ânimo. Neste capítulo falaremos exclusivamente sobre esse desafio e sobre como devemos passar por ele.

No capítulo 4 do evangelho de Marcos, Jesus está ajudando seus discípulos a entenderem esse desafio enquanto ensina acerca do Reino de Deus com uma outra parábola sobre semente.

> E dizia: O Reino de Deus é assim como se um homem lançasse semente à terra, e dormisse, e se levantasse de noite ou de dia, e a semente brotasse e crescesse, não sabendo ele como. Porque a terra por si mesma frutifica; primeiro, a erva, depois, a espiga, e, por último, o grão cheio na espiga. E, quando já o fruto se mostra, mete-lhe logo a foice, porque está chegada a ceifa.
> (Marcos 4:26-29 – ARC)

Aqui o Mestre está falado sobre a natureza do

crescimento das coisas do Reino. Este processo acontece de maneira invisível e quase que imperceptível, como o germinar de uma semente debaixo do solo. Por mais que não estejamos vendo, ela está em crescimento. Ainda que não pareça, ela está em constante avanço rumo ao cumprimento do seu propósito: dar fruto. Nesta parábola, Jesus reforça a importância de termos fé para crer no crescimento das coisas do Reino, mesmo quando não podemos ver ou entender. Apenas por meio dela podemos desenvolver uma forte confiança em Deus para perseverar. Isso porque a fé é a certeza daquilo que esperamos e a prova das coisas que não vemos (Hebreus 11.1). Sem ela não podemos superar o teste do tempo e da perseverança, porque não temos a convicção de que aquilo semeamos irá frutificar.

Ainda discorrendo sobre essa parábola, o Mestre também nos ensina que todo o processo de crescimento acontece em etapas. Como em um videogame. Tenho certeza que se tivéssemos videogames nos tempos de Jesus, haveria uma parábola sobre como a expansão do Reino é parecida com o avanço de um jogador de videogame. Digo isso, porque dentro de um jogo, existe um princípio básico: para avançar e crescer no jogo, você precisa passar por fases. Cada fase tem um nível de dificuldade e uma missão a ser cumprida. Você só passa de fase quando cumpre uma missão. Conforme você vai jogando e cumprindo os objetivos de cada fase, você ganha cresce em habilidade e ganha acesso a novas fases. Isso acontece até você chegar a fase final do jogo e cumprir com o último. Por mais que você queira pular de fase, indo da primeira direto para a última, não é possível. Porque você só estará pronto para a fase final se tiver vencido em todas as outras. O mesmo vale para o nosso processo de crescimento quando se trata das coisas do Reino. Não podemos pular etapas. Temos que passar por tudo aquilo que Deus tem para nós, incluindo as fases chatas. Aquelas em que não enxergamos crescimento em nossos grupos. Aquelas temporadas em que não experimentamos o sobrenatural em nossas reuniões. Aqueles dias em que parece que Deus esqueceu que prometeu algo importante para nós. Por mais difíceis e duras que possam parecer, essas fases são essenciais para o nosso amadurecimento espiritual como líderes.

Creio que a principal lição que Jesus queria passar com a parábola do grão é que crescer demanda tempo e perseverança. Por isso, não importa quanto unção, recursos ou talentos você possua para fazer aquilo que Deus te pediu, algumas coisas nos custam tempo. E uma delas é o amadurecimento da nossa fé.

Com base nessa parábola, podemos identificar três estágios do desafio do tempo e da perseverança que desenvolvem a nossa fé. O primeiro deles é o *lançar*. Jesus disse que o Reino de Deus é como um homem que lança sementes na sobre a terra. O estágio de *lançar* acontece junto aos nossos pequenos começos. Estamos prestes a fazer algo que exige nossa fé, mas não temos nada em nossas mãos senão uma palavra de Deus. É nesse momento que entendemos que precisamos confiar naquilo que Ele nos prometeu e começar a cultivar a nossa promessa com atitudes práticas. No começo do meu ministério, quando Deus me confirmou que queria multiplicar a minha célula, comecei a cultivar essa palavras com atitudes práticas. Comecei a investir no discipulado de novos líderes, fui atrás de novos anfitriões e intensifiquei meus estudos teológicos. Reguei com oração e jejum cada palavra que recebi. Por mais que tivessem dias em que eu ficava desanimado, por não ver os frutos do que semeava, perseverei com essa conduta por várias semanas até finalmente ver a célula crescendo. Minha célula começou a experimentar muitas conversões e curas. Os nossos encontros começaram a reunir mais pessoas do que conseguíamos comportar em casa. Logo, tivemos de multiplicar a célula e os líderes que eu preparei assumiram os novos grupos. Mesmo sem eu ver, o Senhor estava dando o crescimento de tudo que havia semeado nas pessoas e no espírito. Assim como agricultor da parábola que confiou na terra para frutificar a semente, eu confiei no Senhor e Ele deu aquilo que prometeu.

O segundo estágio que encontramos na parábola é o *germinar*. Segundo o texto, depois de um período debaixo do solo a semente germina e cresce. É interessante notar que mesmo sem conseguir enxergar o que acontecia debaixo da Terra, o agricultor confiava no poder do solo para fazer a semente frutificar. Ele sabia a única coisa que ele poderia fazer era ser paciente e perseverar no cultivo com o passar do tempo. O agricultor não sabia como o crescimento se daria, mas que cedo ou tarde ele aconteceria. Uma vez um amigo me perguntou se eu imaginava que viveria o romper que tive na minha célula. Ele dizia: "você imaginava que alcançaria tantas vidas?". Eu respondi: "Bem, mais ou menos. Foi por isso que eu comecei. Não sabia ao certo como aconteceria, mas esperava que acontecesse, porque tinha uma palavra de Deus". Você já viu Deus fazer alguma coisa em sua vida em que você não faz a menor ideia de como aconteceu? Era essa sensação que eu estava experimentando ao ver o crescimento da minha célula. Confesso que experimento isso ainda hoje quando comtemplo tudo que Deus tem feito em minha vida. Quando olho para minha maravilhosa família, todas células que tenho privilégio de supervisionar e os jovens do ministério Deep, paro para tentar racionalizar como tudo isso veio até mim. A conta não fecha. Pela graça e misericórdia d'Ele, vemos o que semeamos em fé germinar e crescer. Como o apóstolo Paulo nos ensina em sua primeira carta aos coríntios: é Ele quem dá o crescimento. E por isso, Ele é digno de toda honra e glória.

> Eu plantei, Apolo regou, mas Deus é quem fazia crescer; de modo que nem o que planta nem o que rega são alguma coisa, mas unicamente Deus, que efetua o crescimento. (1 Coríntios 3.6-7)

Quando finalmente comtemplamos o crescimento proporcionado por Deus, chegamos no terceiro e último estágio do teste do tempo e da perseverança, o *colher*. Quando vemos os frutos prontos para colheita, compreendemos que não apenas a nossa célula e ministério cresceram. Nós também crescemos em fé e intimidade com o Senhor. Percebemos que nossa fé está mais sólida e pronta para ser usada para obras maiores. Amadurecemos no espírito e na alma. Não vivemos mais pelo que podemos ver, mas por aquilo que cremos. Quando colhemos os frutos e os olhamos para eles entendemos que sempre devemos confiar que o propósito está funcionando, mesmo quando o processo é invisível.

Eu espero que você entenda que durante o teste do tempo e da perseverança, como líder de um pequeno grupo, você passará por momentos em que vai se sentir como se você e sua célula fossem aquela semente que desce ao solo. O solo é o lugar secreto onde não podemos ser vistos. Parece que estamos esperando num lugar esquecido por Deus e o mundo. Ao esperar no lugar secreto há momentos em que parece que não vamos recursos necessários para se quer sobreviver a essa estação. Mas isso é uma mentira porque toda semente, quando desce ao solo, já carrega dentro de si a provisão necessária. Toda semente carrega os nutrientes necessários para sobreviver independente das condições externas. Dentro dela, ela encontra tudo que precisa para começar a crescer. Pode parecer loucura, mas o lugar secreto é o melhor lugar para estarmos durante o teste do tempo e da perseverança, porque é ali que encontramos preciosos recursos que nem sabíamos que tínhamos dentro de nós e dos nossos grupos.

É preciso fé para semear e para colher. Eu sei que Deus vai te levar ao estágio da colheita se você perseverar em fé enquanto estiver no solo, o seu lugar secreto. Enquanto estiver lá, oro para que Senhor te envolva você e sua célula. Que Ele os encoraje e os faça germinar. Que Ele te dê acesso a tudo que já existe em vocês nesta estação que exige tempo e perseverança. Eu declaro em sua vida que tudo que você semear dará fruto. Porque o Senhor é contigo.

CAPÍTULO SETE

O MILAGRE DA MULTIPLICAÇÃO

Antes de falarmos sobre como multiplicar sua célula, é muito importante frisarmos que toda célula já "nasce" com um propósito na sua essência, um desígnio que foi gerado por Deus. Esse propósito é a multiplicação. Quando falamos de multiplicação, estamos falando de algo que faz parte do caráter de Deus, porque Ele é um Deus multiplicador. Por onde o Senhor passa, Ele gera vida, e vida em abundância. Tudo o que Ele nos dá, ou simplesmente cria, já vem com o potencial para gerar crescimento exponencial. Esse propósito é tão importante para Deus que Ele já deixa claro a sua expectativa para com o ser humano em relação à multiplicação logo no primeiro capítulo da Bíblia:

> Criou Deus o homem à sua imagem, à imagem de Deus o criou; homem e mulher os criou. Deus os abençoou, e lhes disse: "Sejam férteis e multipliquem-se! Encham e subjuguem a terra..".
> (Gênesis 1.27-28)

Pense comigo! Nós só estamos vivos porque somos o resultado de uma multiplicação constante que começou em Adão e Eva. Cada um de nós é fruto da união de um espermatozoide e um óvulo, que gerou uma célula, que se multiplicou e se transformou em um embrião. Isso é muito forte. Uma célula, ao se multiplicar, é capaz de dar forma a um corpo, da mesma maneira que a multiplicação de pequenos grupos de discípulos de Cristo dão forma ao Seu corpo, a Igreja. Aqui reside a primeira e mais importante lição sobre o milagre da multiplicação: Todos nascemos para multiplicar e sermos férteis. Foi para isso que o Mestre nos chamou.

> Vocês não me escolheram, mas eu os escolhi para irem e darem fruto, fruto que permaneça, a fim de que o Pai lhes conceda o que pedirem em meu nome. (João 15.16)

Por isso, não é saudável, nem mesmo natural, que uma célula fique sem se multiplicar por muito tempo. Se isso estiver acontecendo, é provável que o pequeno grupo tenha escolhido focar em outra coisa. Essa escolha pode ter sido consciente ou inconsciente. Porém, quando uma célula deixa de crescer, ela se torna um perigo para o corpo. Biologicamente, quando uma célula do corpo humano deixa de cumprir com a sua função e mesmo assim continua dentro do organismo, ela afeta outras células. As células ruins começam a se multiplicar ao contaminar as boas. Quando temos um acúmulo de células ruins no corpo, corremos o risco de elas virarem tumores. Um tumor é um conjunto de células ruins que se agruparam sobre um tecido ou órgão do corpo humano. Isso faz com que o funcionamento desses tecidos e órgãos seja fortemente prejudicado, levando à sua deterioração e até à morte.

O que quero compartilhar aqui é que, quando uma célula do Corpo de Cristo deixa de cumprir com o seu propósito, expandir o Reino de Deus através da multiplicação, esse pequeno grupo pode se torna uma má influência para os outros. Essa má influência é capaz de contaminar outras células e criar um conjunto de pequenos grupos que atuam contra a Igreja, assim como um tumor age contra o corpo. É por isso que devemos nos atentar para os grupos que não estão buscando a multiplicação ou que estão com dificuldade para cumprir com esse propósito.

QUANDO NÃO VEMOS A MULTIPLICAÇÃO

É fato que existem células que não têm gerado a multiplicação como deveriam. Na maioria dos casos, isso acontece quando a célula deixa de atuar segundo seu propósito original: multiplicar. O propósito de uma célula é gerar novas células saudáveis para que o Corpo de Cristo cresça de maneira natural. Logo, se o pequeno grupo deixa de lado esse objetivo, a célula começa a perder sua utilidade tanto para a Igreja como para a sociedade. Existem, sim, células que estão comprometidas com o propósito, mas não crescem. Essas, provavelmente, estão passando pelo teste do tempo e da perseverança para se preparar para a multiplicação. Enquanto isso, desenvolvem a unção e o caráter de seus líderes. Nesses casos, não se trata de um problema, mas apenas de uma questão de tempo até que o grupo experimente o crescimento. Os casos que merecem a nossa atenção são os das células que se contentam em atingir determinado número de frequentadores e trabalham apenas para a manutenção desse número. Os grupos que se acomodam com o sucesso qualitativo deixam de focar naquilo Deus planejou para Seu Corpo, o crescimento. Os líderes desse tipo de grupo têm medo de perder aquilo que conquistaram, por isso empenham-se em fazer com que a célula seja confortável para todos e, assim, ninguém queira sair. Esses grupos deixam de ganhar porque morrem de medo de perder. Porém, ao zelarem apenas pela manutenção, eles já perderam a bênção da multiplicação, porque fizeram de suas células clubes sociais cristãos, em vez de embaixadas do Reino de Deus na Terra. E não foi para isso que Jesus morreu na cruz. Nesses casos, precisamos confrontar a liderança desses grupos e trazê-las novamente para o propósito da célula. Apenas dessa forma, os grupos voltarão à fertilidade.

Logo abaixo, trago alguns aspectos que precisam ser avaliados para evitar que a célula perca o propósito.

O DNA da célula

Primeiramente precisamos avaliar se a essência do pequeno grupo, a visão da célula, não foi comprometida. A visão da célula é o seu código genético, é o "DNA" que carrega os princípios e valores do Reino e da Igreja. Um "DNA" é composto de valores, como comunhão, evangelismo, discipulado, intimidade com Deus, experiências sobrenaturais, generosidade, honra, entre outros. Cada igreja precisa ter clareza de sua visão, missão e valores. E é necessário que cada pequeno grupo também entenda isso.

Em meu ministério, já vi células que começaram com quatro ou cinco pessoas, porém viveram um crescimento exponencial, mesmo que devagar, porque não abriram mão do DNA. Pouco a pouco, elas foram conquistando novos membros e despertando novas lideranças. Isso atestava que estavam fazendo um trabalho fiel e, eventualmente, alcançariam a multiplicação ao passar pelo teste do tempo e da perseverança. Pude ver que, enquanto cresciam em pouca velocidade na questão quantitativa, elas cresciam de maneira acelerada em qualidade de comunhão, ensino e liderança. Por diversos momentos, vi o Espírito Santo atuando em cada indivíduo que permanecia fiel ao compromisso da célula.

Precisamos entender também que não é porque um grupo está grande que ele está em crescimento e multiplicação. Nestes últimos anos de ministério, já conheci muitos grupos que chegavam a mais de trinta pessoas, mas se estagnavam. Essas grandes células estavam aparentemente sendo bem-sucedidas, mas, na verdade, tinham parado de promover crescimento qualitativo e quantitativo. Os líderes se satisfaziam com o sucesso alcançado no passado e trabalhavam para manter o que tinham conquistado. Contudo, o propósito do Reino não é mantermos o que temos, mas multiplicar para abençoar mais e mais pessoas. No Reino, nós trabalhamos para estarmos sempre nos movimentando e crescendo. Ou estamos avançando ou estamos retrocedendo. Não existe manutenção. A busca por manutenção é um traço da mentalidade de sobrevivente, e não de herdeiros do Céu. Na busca por multiplicação, devemos nos empenhar para avaliar o desenvolvimento de uma célula com esse olhar. Uma célula inchada não é sinal de crescimento. Eu mesmo já liderei um grupo com mais de quarenta pessoas e caí no erro de negligenciar o DNA. Achava o máximo aquela multidão dentro de uma casa, porém, aos poucos, toda motivação do grupo ia se perdendo, porque deixamos de vivenciar o propósito de crescer e acabamos nos acomodando com os números. Uma célula não cresce para ser grande, ela cresce para expandir o Reino.

Quando o supervisor avalia o grupo e percebe que a célula não está alinhada com a visão, o acerto precisa ser feito para que a célula volte a ser uma célula saudável. Assim, a multiplicação se dará automaticamente, porque uma célula com DNA saudável gera outra célula com o mesmo DNA e consequentemente gera líderes saudáveis.

A liderança

Pode parecer loucura, mas existem pessoas que aceitam liderar células sem terem o chamado para tal. Geralmente são pessoas que foram "colocadas" na posição de liderança devido a suas habilidades ou mesmo porque não souberam dizer "não" ao serem convocadas. Isso é mais comum do que se imagina. Na maioria dos casos, esse tipo de situação acontece por não saberem lidar com a pressão externa e interna. A externa vem da liderança que, na melhor das intenções, percebe o potencial da pessoa e oferece a liderança de uma célula antes que ela esteja madura. Já a interna vem da própria pessoa, motivada pelo medo de decepcionar o líder. Ela não quer liderar, mas se rende porque não sabe dizer não. Assim nasce uma célula debaixo de uma liderança insegura, que arrastando-se por meses e anos, morre por falta de saúde e relevância. Tanto o líder como os frequentadores não nutriram a paixão pelo verdadeiro propósito da célula – ganhar, cuidar e edificar vidas. Somente um líder apaixonado por vidas consegue avançar com o Reino dos Céus na Terra. E para que esteja apaixonado, ele precisa ter tido um "encontro com Deus", quando a sua identidade e chamado são revelados por Ele.

Para solucionar esse tipo de problema, é necessário um confronto em amor com o líder para checar se ele realmente entendeu o chamado de liderança. Uma vez que se confirme, é necessário discipulá-lo e ensiná-lo a ser o maior exemplo de paixão por almas.

O anfitrião

Tão importante quanto avaliar líderes de células, é analisar como os anfitriões têm exercido seus papéis. Seus lares são a referência da Igreja local. É na residência dessas pessoas que o discípulo vive a experiência da comunidade enquanto busca a Deus fora do ambiente religioso dos templos. É o lugar onde partimos o pão e temos comunhão para desenvolver nosso relacionamento com o Espírito Santo e o Corpo de Cristo.

É preciso, antes de se abrir uma nova casa para a futura célula, que se treine os anfitriões. É no treinamento que ele será exposto a situações reais que acontecem nas células. Nesses momentos, ele será estimulado a buscar mais ainda a direção do Espírito Santo e a confirmação do seu chamado como anfitrião. Um bom anfitrião precisa estar pronto para abrir a sua casa no dia e na hora planejados, exercer o dom da hospitalidade e saber recepcionar as pessoas com o amor de Cristo, de forma que as pessoas se sintam acolhidas para se relacionarem.

Se o problema da célula for o anfitrião, recomendo seguir a mesma orientação quando a nossa dificuldade é o líder. Empenhe-se em treiná-lo e ajudá-lo a compreender a importância do seu papel para a expansão da Igreja. Uma vez que o anfitrião entende o propósito da célula e sua posição nessa estratégia celestial para alcançar vidas, ele se dedicará mais para desenvolver seu dom de hospitalidade. Caso ele não mude, o supervisor precisará buscar novo local para que a célula aconteça, pois se não existe a cooperação do anfitrião, significa que esse anfitrião ainda não entendeu o real propósito de Deus para o seu lar. E onde não há unidade, há divisão.

A falta de unidade

Uma das piores coisas que podem surgir em uma célula são as famosas "panelinhas". Esse tipo de fenômeno já fomenta a divisão dentro dos grupos que lideramos. Ajuntamentos assim atrapalham o desenvolvimento saudável de qualquer pequeno grupo, porque inibe a integração de novos membros e, por consequência, impede a multiplicação da célula.

Quando isso acontece, há duas estratégias que podem ser executadas. A primeira é chamar o grupo para uma conversa séria para explicar importância da aliança no grupo. Nessa conversa, é necessário esclarecer que a unidade é um princípio do Reino para trazer a presença de Deus para o nosso meio (Mateus 18.20). Uma boa conversa pode trazer ao grupo maturidade e crescimento como família espiritual. A segunda estratégia é promover dinâmicas para criar integração entre eles. Desta forma, novos membros se achegarão e se integrarão, fazendo com que o grupo seja renovado. Isso precisa ser feito com intencionalidade pelo líder. A ideia de que o tempo coloca as coisas no seu devido lugar é um mito. Um líder nunca pode ser passivo ou reativo às situações. Ele precisa ser ativo e intencional na maior parte do tempo.

A supervisão

Por fim, se a célula não está experimentando o crescimento, talvez falte a figura do supervisor, que é aquele que acompanha o líder oferecendo o suporte que ele precisa para trabalhar. Quando a liderança consegue levantar bons supervisores, a multiplicação é natural. Além de acompanharem e encorajarem os líderes que passam por alguma dificuldade, eles motivam os anfitriões e ajudam a treinar os novos líderes para exercerem o discipulado. Por isso, é muito importante investirmos no treinamento e no acompanhamento do supervisor, já que ele é um grande aliado para alavancar e potencializar o trabalho das células. "Guardiões da Visão", é como podemos nomear os supervisores.

Cuidando com apreço e excelência de cada detalhe, estamos preparando o ambiente para algo que só Espírito Santo pode realizar, o milagre da multiplicação.

VIVENDO O MILAGRE

Para que as nossas células se multipliquem de forma saudável, precisamos ter um apreço sobrenatural por evangelismo. De forma que todo o grupo esteja engajado no alcance de novas vidas. A vinda de novos convertidos para o grupo gera movimento e renovação para as células. Todos os discípulos precisam estar envolvidos e comprometidos em evangelizar para que a célula não apenas cresça, mas que todos cresçam em amor pelo perdido.

É essencial que todos os membros partilhem dessa urgência por ver vidas alcançadas e venham nutrir uma preocupação por integrar as novas pessoas que forem se chegando. Se a célula não tiver este apreço pela integração de novos membros, ela não vai prosperar, porque não será capaz de conectar novos convertidos e visitantes. Quanto mais hospitaleiros e agregadores nós formos com os visitantes, mais eles se sentirão acolhidos, amados e respeitados. Isso os motivará a retornarem para as reuniões e vivenciar momentos de comunhão. Esta comunhão não se trata somente da hora do lanche após a célula, mas no estar juntos como família, nos momentos de oração, compartilhamento, estudo da Palavra e celebração. Eu creio que a verdadeira comunhão é alcançada quando vai além das reuniões e passa a compor o dia a dia das pessoas, isto é, quando um se preocupa com o outro; quando um anima o outro nas lutas diárias; quando um ajuda o outro em seu crescimento. Assim como está descrito em provérbios:

> Assim como o ferro afia o ferro, o homem afia o seu companheiro. (Provérbios 27.17)

A verdadeira comunhão é profunda e gera comprometimento por parte de todos. E quando isso acontece, temos o ambiente perfeito para consolidar novos convertidos. Essa fase é essencial para promover a multiplicação das células. Quando somos intencionais em identificar novas lideranças e desenvolvê-las, não estamos cumprindo a grande comissão apenas da perspectiva de "pregar o evangelho a toda criatura" (Marcos 16.15), mas também de fazer "discípulos de todas as nações" (Mateus 28.19).

Para que a sua célula viva plenamente o milagre da multiplicação, é preciso preparar seus membros para liderar. O desenvolvimento de novos líderes deve ser uma prática natural em nossos grupos. É muito comum os membros sentirem certo "medo" de assumir a liderança. No entanto, como líderes, precisamos influenciá-los a se envolver com os projetos e a participar dos treinamentos. Devemos dar a eles oportunidades para que percebam que são capazes de cuidar de vidas, bem como de liderar um pequeno grupo em suas casas. Afinal, se não houver treinamento para novos líderes, como multiplicaremos o que estamos gerando? Quem vai liderar as novas células que desejamos abrir? Assim, ao identificarmos alguém que esteja amadurecendo na fé e que possua forte desejo de servir, é necessário trazer essa pessoa para perto e ajudá-la em seu crescimento como líder.

A multiplicação das nossas células também depende da formação de novos discípulos. Se o discipulado não estiver acontecendo na célula, é um sinal de que ela está caminhando para o enfraquecimento. O discipulado garante a saúde espiritual de todo o grupo. O que faz com que as vidas sejam cuidadas corretamente é o discipulado em amor. O sucesso dos nossos liderados é o atestado de que somos bons líderes.

Viver o milagre da multiplicação é o nosso chamado. Se estivermos dispostos a nos preparar para esse milagre, seremos achados prontos para viver um crescimento exponencial. Assim como os discípulos quando mais de 5 mil pessoas foram alimentadas por Jesus.

A fórmula para multiplicar

Quando Jesus saiu do barco e viu uma grande multidão, teve compaixão deles, porque eram como ovelhas sem pastor. Então começou a ensinar-lhes muitas coisas. Já era tarde e, por isso, os seus discípulos aproximaram-se dele e disseram: "Este é um lugar deserto, e já é tarde. Manda embora o povo para que possa ir aos campos e povoados vizinhos comprar algo para comer". Ele, porém, respondeu: "Dêem-lhes vocês algo para comer". Eles lhe disseram: "Isto exigiria duzentos denários! Devemos gastar tanto dinheiro em pão e dar-lhes de comer?" Perguntou ele: "Quantos pães vocês têm? Verifiquem". Quando ficaram sabendo, disseram: "Cinco pães e dois peixes". Então

Jesus ordenou que fizessem todo o povo assentar-se em grupos na grama verde. Assim, eles se assentaram em grupos de cem e de cinqüenta. Tomando os cinco pães e os dois peixes e, olhando para o céu, deu graças e partiu os pães. Em seguida, entregou-os aos seus discípulos para que os servissem ao povo. E também dividiu os dois peixes entre todos eles. Todos comeram e ficaram satisfeitos, e os discípulos recolheram doze cestos cheios de pedaços de pão e de peixe. Os que comeram foram cinco mil homens. (Marcos 6.34-44)

Esse relato bíblico nos revela uma estratégia poderosa para aplicarmos em todas as áreas da nossa vida que precisam do milagre da multiplicação. A fórmula para vivermos a multiplicação consiste em quatro passos práticos, que veremos a seguir. Sendo o primeiro deles a tomada de posicionamento diante da necessidade.

- *Posicionamento diante do Senhor*

Diante de um problema, os discípulos se posicionaram e se aproximaram do Mestre para apresentar uma necessidade que só poderia ter sido solucionada por meio da multiplicação de recursos. As pessoas estavam com fome e precisavam ser alimentadas. Embora identificar necessidades seja algo óbvio, essa é a primeira coisa que devemos fazer quando estamos buscando a multiplicação. Precisamos encarar nossos problemas de frente e, sem qualquer vergonha, apresentá-los diante do nosso Provedor. Quando precisamos de recursos humanos, financeiros ou mesmo espirituais para multiplicar nossos grupos, devemos buscar resolver o problema através do direcionamento do Espírito Santo (Zacarias 4.6).

Muitas vezes, preferimos tentar solucionar os problemas por nós mesmos e, nesse momento, ficamos ansiosos e preocupados da mesma forma como os discípulos ficaram. Eles iniciaram uma discussão entre si para tentar resolver o problema sem querer incomodar a Jesus. Depois de baterem muita cabeça, eles finalmente tomaram a decisão mais sábia: apresentar a necessidade a Jesus.

O primeiro passo para presenciarmos o milagre da multiplicação em qualquer área de nossas vidas é entendermos que temos de apresentar a nossa necessidade a Deus e convidá-lO para fazer parte da solução. Não estou dizendo que é para jogarmos o problema para Ele resolver sozinho. O que estou dizendo é que devemos nos posicionar em humildade e deixar claro que queremos a Sua ajuda para solucionar o problema com sabedoria. Ele tem sempre a resposta certa. Porém, as respostas de Deus, frequentemente, nos empurram para fora da nossa zona de conforto. Na passagem que lemos, podemos notar que, no começo, os discípulos queriam fugir da responsabilidade de resolver o problema. Era naturalmente impossível alimentar todas as pessoas, logo assumiram que nem valia a pena tentar buscar uma solução. O mais sensato era mandar todo mundo para casa. Mas a orientação que o Mestre deu a eles era exatamente o oposto. Jesus pediu para que eles alimentassem as pessoas. Jesus estava mostrando que deixar de pregar o Evangelho e mandar todo mundo para casa não era a opção. Era necessário alimentar a multidão com o que tinham. Eles persistiram em tentar solucionar o problema de forma natural, mas Jesus os convidou a buscar uma solução sobrenatural. Em vez de orientá-los a calcular quanto teriam de gastar para solucionar o problema, o Mestre os instruiu a reconhecerem o que já tinham em mãos.

- *Reconhecer o que temos*

Para multiplicar, precisamos reconhecer o que já temos em mãos. Só podemos multiplicar o que temos. Os discípulos estavam sempre focando naquilo que não tinham, enquanto Jesus os orientava a verificar o que já estava à disposição. O que naquele caso eram cinco pães e dois peixes. O milagre dos pães e peixes multiplicados já estava à disposição, bastava crer. O que faltava aos discípulos era a habilidade de ver que o que tinham já era suficiente para Deus transformar em banquete. Quantas vezes não deixamos de investir em crescimento porque estamos focando no que nos falta e deixamos de confiar no poder de Deus para usar o nosso melhor? Uma vez que ajustamos a nossa visão para confiar no Senhor, estamos prontos para seguir para o próximo passo, que era escutar as instruções de Deus.

- *Escutar as instruções de Deus*

O Mestre poderia muito bem ter solucionado o problema por si mesmo multiplicando os pães e os peixes sozinhos. Contudo, Ele queria que os discípulos fossem coparticipantes do milagre. Deus sempre quer que nós participemos do milagre com Ele. Por isso, que Ele nos dá instruções por meio do Espírito Santo para darmos passos de fé rumo ao nosso milagre. Depois de ver quais eram os recursos que tinham à disposição, o Mestre deu suas instruções sobre como eles efetuariam o milagre. Ele deu ordem para que todos se organizassem em pequenos grupos. Só aí já consigo imaginar a ansiedade dos discípulos ao ter de organizar aproximadamente quinze mil pessoas em grupos. É incrível ver que, mesmo diante desse desafio, eles continuaram crendo, pois as instruções vinham do Mestre, e tudo, de alguma forma, daria certo no final. Enquanto isso, Ele reuniu os recursos, olhou para o Céu apresentando a Deus Pai o que possuía nas mãos, abençoou, repartiu e pediu que servissem às multidões. Até então nada tinha sido multiplicado; apenas comandos haviam sido dados. Quantas vezes, nós não nos vemos na mesma situação? Pedimos para o Senhor realizar uma multiplicação em alguma área das nossas vidas e ficamos desesperados, porque, mesmo ouvindo a Sua voz, nada acontece. Mas, em momentos como esses, nossa fé é provada. O que faremos então? Vamos apenas ouvir as instruções de Deus ou vamos colocar as Suas palavras em prática?

Por isso, eu lhe digo, se Deus pedir para você fazer algo "louco", como alimentar milhares de pessoas com apenas cinco pães e dois peixinhos, faça! Só veremos o milagre acontecer se colocarmos as instruções de Deus em prática. Aqui está o último passo para viver o milagre da multiplicação: andar em obediência.

- **Andar em obediência**

Como dissemos, nada havia sido multiplicado

até que os discípulos entraram em ação e começaram a distribuir a comida entre os grupos. Eles haviam colocado todos os recursos nas mãos de Jesus, que os abençoou. Não havia nada a ser feito a não ser agir. Apenas quando eles colocaram as orientações de Jesus em prática, o milagre aconteceu. Aprendemos aqui algo muito poderoso: se colocarmos nas mãos de Jesus os poucos recursos que temos e andarmos em obediência ao que Ele nos orienta, tais recursos serão suficientes para alimentar multidões.

Ao final, Jesus ainda acrescentou um toque que revela mais do caráter de Deus. Depois que todos foram alimentados, o Mestre pediu para que os discípulos recolhessem as sobras. Lemos que eles voltaram com doze cestos cheios do que restou. Isso é maravilhoso, não? Deus multiplica excessiva e abundantemente mais do que pedimos ou pensamos (Efésios 3.20).

Para que você entenda bem os princípios da fórmula para o milagre, gostaria de compartilhar um testemunho.

Certa vez, quando alcançamos o privilégio de liderar trinta células em nossa igreja, decidimos fazer uma grande festa de gratidão com todas as células juntas. De longe, o nosso maior desafio era conciliar as agendas de todos. Reunir os grupos no mesmo dia e horário era quase um milagre. Por mais que façamos ajustes, sempre há pessoas que não conseguem devido aos seus compromissos. Mesmo assim, tínhamos uma expectativa de, pelo menos, 300 convidados. Como o grupo era heterogêneo em gostos e costumes, optamos por uma alimentação que agradasse o paladar da maioria, e que coubesse em nosso orçamento, é claro. Decidimos então fazer uma feijoada. Passamos a noite anterior ao evento preparando a maior feijoada que eu já tinha visto em toda minha vida. Ao final da noite, quase que adentrando à madrugada, terminamos os preparativos, armazenando, na geladeira e no freezer da chácara onde aconteceria o evento, uma panela com dez litros, mais dois caldeirões bem cheios, de feijoada. No amanhecer do dia da festa, eu e os líderes das células fomos até à chácara para organizar o local com os preparativos finais. Chegada à hora do evento, tivemos uma grande surpresa: todos os membros de todas as células apareceram. Nossa festa tinha virado uma pequena conferência com mais de 500 pessoas reunidas, o que muito nos alegrou. Porém, quando fomos aos preparativos para servir o almoço, tivemos outra surpresa. Mas essa não era nada agradável! Nossos dois caldeirões tinham fermentado porque o freezer não funcionou corretamente. Perdemos praticamente 1/3 da nossa comida. Ficamos desesperados como os discípulos ficaram quando viram que não havia como alimentar a multidão. Tínhamos apenas uma panela para todos os 500 participantes. Aos nossos olhos humanos, era impossível. Contudo, lembrei-me da passagem da multiplicação dos pães e peixes e decidi colocar à prova os princípios desse relato e me preparar para viver o milagre. Não sabia se ia dar certo, mas sabia que Deus era um Deus multiplicador.

Reuni todos os líderes e voluntários na cozinha para orarmos antes de começar a servir aos convidados! Apresentamos a nossa necessidade naquele momento e os nossos recursos, uma única panela com dez litros de feijoada, e pedimos a bênção do Pai. Então, pela fé, saímos para servir. Como líder, eu decidi me posicionar em um lugar onde poderia dar exemplo de serviço. Fiquei junto à panela e fui o responsável por servir cada voluntário e visitante. A fila era gigantesca. Diante daquela situação, eu orava: "Deus, nos permita servir a todos. Não ligo se não sobrar para mim. Eu quero servir a todos pelo menos uma vez". Comecei a servir e, à medida que a fila avançava, a panela começava a ficar menos cheia. Depois da centésima pessoa, comecei a perceber algo "estranho". O nível de feijoada na panela não estava mais baixando! Eu pensei: "Eu sei que oramos por isso, mas deve ser coisa da minha cabeça. Será que Deus está multiplicando a feijoada?". Continuei servindo para ver se aquilo era verdade. Depois de ter servido centenas de pessoas, percebi que o nível de comida na panela não apenas permanecia alto como também parecia que tinha mais feijoada. Eu enchia a concha e servia os pratos ao ponto de quase vazarem. Um milagre estava acontecendo diante de nossos olhos! Ao final da festa, todos foram servidos e nós glorificamos a Deus, porque Ele fez muito mais do que pedimos ou imaginamos! Sobrou feijoada até para o jantar. Ao agir em obediência e fé, pudemos experimentar um milagre que antes havíamos visto apenas na Bíblia. Isso nos motivou para esperarmos também por milagres e multiplicação em nossas células.

    O que compartilhamos aqui neste capítulo teve como objetivo dar a você o exemplo de como viver o milagre da multiplicação. Espero sinceramente que seu coração tenha sido despertado para que, com paixão e amor, você vivencie o multiplicar daquilo que Deus lhe confiou. Trabalhando em parceria com Ele e Sua Igreja, você verá muitas almas se rendendo ao Senhor. O Senhor se deleita quando somos multiplicadores da Sua bondade, quando confiamos n'Ele para fazer muito mais do que pensamos ou imaginamos para abençoar vidas. Não há glória maior do que agradar o coração de Deus.

Eu oro para que você viva o seu chamado como um líder que multiplica embaixadas do Reino de Deus nos lares e seja próspero em todas as áreas da sua vida para a glória do nosso Senhor.

CAPÍTULO OITO

OS CINCO SENTIDOS DA SUPERVISÃO

Como todos sabem, o ser humano dispõe de cinco sentidos que o permitem se relacionar com o mundo à sua volta: audição, visão, tato, olfato e paladar. São eles que nos possibilitam a conexão com outras pessoas. Contudo, apesar de termos cinco sentidos, a maioria de nós está inclinada a utilizar apenas um ou dois com mais frequência do que os outros. Isso é o que diz uma teoria chamada de Programação Neurolinguística, um estudo desenvolvido na década de 70 pelos especialistas em comunicação John Grinder e Richard Bandler. Segundo essa teoria, o mundo em que vivemos é percebido de maneira diferente por cada indivíduo, dependendo dos sentidos que são utilizados com mais regularidade. Cada pessoa dispõe de um canal sensitivo predominante para entender e se relacionar com o mundo. Existem pessoas que têm a visão como canal predominante, o que faz delas pessoas visuais. Uma pessoa visual capta informações e identifica as coisas por meio de imagens e estímulos visuais. Estas pessoas tendem a processar ideias muito rapidamente, e as palavras, muitas vezes, não acompanham o pensamento. Já as pessoas que possuem a audição como principal canal sensitivo são as auditivas. Estas gostam muito de conversar, mas principalmente de ouvir as outras pessoas e perceber o ambiente pelos sons. Elas apresentam um amplo vocabulário e se expressam com objetividade. São pessoas que aprendem a partir da escuta e gostam de desfrutar do silêncio para absorver melhor as informações. Já aquelas pessoas que têm o tato, olfato ou paladar como sentidos predominantes podem ser identificadas como cinestésicas. Tais pessoas percebem e memorizam informações por meio da sensibilidade ao toque, que pode ser de um abraço, ao odor de um ambiente ou ao sabor de uma comida. São pessoas que identificam e percebem o mundo ao seu redor por meio do contato do corpo e da experimentação. Além disso, são muito intuitivas e valorizam bastante o local onde estão inseridas.

Mas o que tudo isso tem a ver com a liderança de pequenos grupos? Tudo! Porque um dos maiores inimigos de um líder é a falta de sensibilidade para com as pessoas e o ambiente. Nenhum de nós quer seguir um líder insensível, que ignora tudo e todos. Esse tipo de líder tende a pensar apenas em si mesmo. Por outro lado, os líderes sensíveis estão sempre prestando atenção a detalhes importantes para tornar o ambiente mais acolhedor, criando uma atmosfera saudável e confortável para seus liderados durante as reuniões. Preocupam-se com a boa dinâmica e a linguagem simples ao expor a lição; garantem que o ambiente esteja limpo; estão atentos se a alimentação foi preparada e se é suficiente para todos; observam a interação entre as pessoas ou se há acepção entre elas; estão atentos até se há exageros nos toques e abraços, o que pode constranger alguns; percebem os odores do ambiente e das pessoas, até mesmo para, se necessário, pedir que abram as janelas para maior circulação de ar. Um líder sensível sabe que tudo é relevante para criar um ambiente convidativo e de boa convivência. Quando nós nos relacionamos com alguém valorizando a sua linguagem sensorial preferida, estamos aumentando a conexão entre nós e, dessa forma, a comunicação fica mais clara e livre de ruídos. Pequenos detalhes podem potencializar a influência que desejamos exercer sobre as pessoas, pois revelam respeito e amor para com elas.

À vista disso, se quisermos alcançar um novo patamar de liderança em nossas células, precisamos sair da nossa zona de conforto. É necessário desenvolver uma inteligência sensorial que vai além dos dois sentidos. Assim será possível alcançar as pessoas auditivas, visuais e cinestésicas. Precisamos treinar nossa mente para saber identificar a linguagem sensorial em cada situação. Temos uma forma de desenvolver isso aqui na Primeira Igreja Batista de Marília. São os chamados "cinco sentidos da supervisão", que é a expressão que utilizamos para falar sobre as práticas de percepção sensorial que um líder de célula ou supervisor deve nutrir para desempenhar melhor seu ministério nos lares. Nós acreditamos que um líder pode e deve desenvolver sua inteligência sensorial para detectar problemas e oportunidades, além de criar conexão entre seus liderados e, consequentemente, experimentar a multiplicação de sua célula.

Com o auxílio e direcionamento do Espírito Santo, é possível usar cada um dos cinco sentidos para demonstrar o amor e o poder de Deus. Vamos, então, compreender melhor os cinco sentidos da supervisão:

AUDIÇÃO

É inegável a importância do **escutar** em um relacionamento, seja com Deus ou qualquer outra pessoa. Quantas vezes dificultamos nosso trabalho, nosso tempo de intimidade com o Espírito Santo ou perdemos a oportunidade de manter relacionamentos significativos com liderados, amigos e familiares por não sabermos escutar. Escutar é fundamental, e é diferente do simples ouvir. "Escutar" e "ouvir" aparentemente têm o mesmo significado por serem sinônimos em nossa língua, porém, na prática, há diferenças significativas. Ouvir é expor o ouvido aos sons que preenchem um ambiente, algo que não exige da nossa parte muito esforço de raciocínio ou concentração. É como estar sentado, ouvindo o rádio ao mesmo tempo em que captamos outras ondas sonoras de uma sala cheia de ruídos, barulhos e pessoas conversando. O som passa pelos nossos ouvidos, mas nós não assimilamos o que ele comunica. Isso é ouvir. Por outro lado, escutar não é bem assim. Esse ato exige de nós uma atenção diferente. Quando nós, de fato, estamos escutando uma pessoa falar, estamos usando o dom da audição para valorizar o que ela diz. Por consequência, estreitamos laços e melhoramos nossos relacionamentos. Assim como a fé vem pelo ouvir a Palavra de Deus (Romanos 10.17), a confiança que ganharemos do próximo vem pelo dar ouvidos às suas opiniões e perspetivas. Contudo, quando digo "dar ouvidos", não estou me referindo a ser levado pela opinião dos outros, mas a dar atenção e espaço para que a pessoa divida seu coração conosco. Ao dar voz a uma pessoa, ganhamos voz em sua vida. Em outras palavras, quando escutamos com respeito e valorizamos a opinião do próximo, ganhamos o direito de sermos escutados também. Parece muito fácil, mas na prática não é bem assim. Por diversas vezes, eu já me peguei tentando orar pelos problemas de alguém sem antes parar para escutar a dor do coração daquela pessoa. Eu me atentava mais para a *performance* da minha oração do que para a minha sensibilidade para com o próximo. Porém, tudo mudou quando percebi que até mesmo Jesus, que já tinha uma agenda extremamente comprometida e acesso a todo poder dos Céus, parava para ouvir a dor das pessoas antes de curá-las.

> E aconteceu que chegando ele perto de Jericó, estava um cego assentado junto do caminho, mendigando. E, ouvindo passar a multidão, perguntou que era aquilo. E disseram-lhe que Jesus Nazareno passava. Então clamou, dizendo: Jesus, Filho de Davi, tem misericórdia de mim. E os que iam passando repreendiam-no

para que se calasse; mas ele clamava ainda mais: Filho de Davi, tem misericórdia de mim! Então Jesus, parando, mandou que lho trouxessem; e, chegando ele, perguntou-lhe, Dizendo: Que queres que te faça? E ele disse: Senhor, que eu veja. E Jesus lhe disse: Vê; a tua fé te salvou. E logo viu, e seguia-o, glorificando a Deus. E todo o povo, vendo isto, dava louvores a Deus. (Lucas 18.35-43 – ARC)

Aqui vemos Jesus praticando o sentido da audição para identificar e atender a necessidade de alguém que o buscava. Por mais óbvio que pudesse parecer, o Senhor perguntou o que aquele cego queria. Jesus sempre foi um exemplo de humildade. Ele poderia ter simplesmente delegado aquela cura a um auxiliar ou até mesmo ter resolvido o problema sem precisar trocar uma palavra com o cego. Contudo, Ele fazia questão de parar e demonstrar que estava presente naquele momento.

Diversas vezes, o líder não desenvolve interesse pelos assuntos ou dúvidas que os liderados levam para as reuniões por se tratar de temas já resolvidos em outros grupos e reuniões ou porque são comuns demais. Porém, ainda que sejam assuntos aparentemente sem importância ou repetitivos, eles continuam relevantes, principalmente para quem nunca os discutiu. É preciso humildade para perceber isso. Nas reuniões de célula, o líder deve estar com seus ouvidos atentos às dúvidas e questionamentos de cada liderado, pois pode haver ali pessoas auditivas, aqueles que percebem o mundo pela forma como falamos e o ouvimos.

É dentro desse processo de aprendizado que conseguimos escutar e compreender os problemas do próximo. Isso nos ajuda a trazer a perspectiva do Céu sobre cada situação. Gostaria de frisar que é muito saudável que o líder incentive diálogos que não sejam apenas relacionados à Igreja. Sugiro estimular conversas sobre o cotidiano, com questionamentos que envolvam a família, os estudos, o trabalho e a vida social. Nem sempre as nossas conversas precisam ser sobre o universo ministerial. Podemos e devemos ter conversas casuais sobre assuntos comuns. Do contrário, acabaremos nutrindo uma mentalidade alienada em nossos liderados. Ao conversar com um membro de célula – ou mesmo um líder se você é supervisor – que esteja passando dificuldades, a forma correta de abordá-lo é interessando-se pelo ser humano que ele é, e nunca tratá-lo como um número. Use essas conversas para conhecer um pouco mais os outros lados das pessoas. Seja intencional em fazer perguntas, como: "Tenho visto você um pouco triste, você está bem?"; ou "Como estão sua casa e trabalho?". Questionamentos como esses podem estreitar o relacionamento entre líder e liderado, porque comunicam que o líder está presente.

Nós, definitivamente, precisamos aprender a escutar para gerar intimidade e confiança e, assim, tocarmos o coração das pessoas através de outro importante sentido: o tato.

TATO

Às vezes, nossos líderes e discípulos precisam de "colo", que é uma expressão de afeto físico. E isso faz com que o **tato** se torne um dos sentidos mais importantes para gerar proximidade com os liderados. Um abraço, um cumprimento, um tapinha nas costas ou um afago podem transformar o dia ruim de uma pessoa em um dia feliz, principalmente se essa pessoa percebe o mundo cinestesicamente. Mais do que saber que o amor existe, algumas pessoas têm a necessidade de sentir fisicamente esse amor. Por isso, fazem questão de serem tocadas para que se sintam seguras desse afeto. Todavia, é preciso ter "tato" para saber quando usar esse recurso, caso contrário corre--se o risco de invadir o espaço da pessoa. Ou pode-se até mesmo despertar uma atração física perigosa, como a atração de um homem por uma mulher casada e vice-versa, por exemplo. O sentido do tato é muito poderoso. Por isso, devemos utilizá-lo com muita responsabilidade e cuidado.

Eu mesmo era uma pessoa extremamente fria no contato físico. Tinha enorme dificuldade de receber e expressar amor através desse sentido. Não desenvolvi o costume de abraçar as pessoas, porque para mim palavras bastavam. Creio que assim como eu, muitas pessoas enfrentaram ou enfrentam dificuldade em receber afeto por conta da maneira como foram criadas. Meu pai, por exemplo, sempre expressou amor por minha vida, mas nunca através do toque físico. Tanto eu como o meu pai não fomos ensinados a expressar amor por meio de abraços e afagos. Meu avô era um homem que não conseguia abraçar as pessoas e, por consequência, nunca teve a prática de abraçar meu pai. Para meu avô, homens não precisavam de abraço. E, logo, com essa mesma mentalidade, meu pai também me criou assim, dizendo que o abraço era desnecessário para expressar amor. Porém, depois que minha família se converteu, nós entendemos que era importante que nos esforçássemos para demonstrar nosso amor e carinho através do toque. Compreendemos que essa expressão de afeto era importante para as outras pessoas. Por mais que fosse difícil a princípio aplicar isso em nosso dia a dia, nós nos empenhamos para não sermos reféns do passado. Aprendemos com o tempo e com a prática que o toque físico era algo bom para fortalecer laços e comunicar o quanto alguém era querido por nós. Hoje, eu e meu pai adoramos abraçar e cumprimentar as pessoas, porque entendemos que é uma poderosa forma de ministrar amor, além de trazer segurança. Há poder no toque físico. Pessoas podem ser curadas quando paramos para tocá-las. O próprio Mestre nos dá um exemplo disso no capítulo 13 do evangelho de Lucas.

> Certo sábado Jesus estava ensinando numa das sinagogas, e ali estava uma mulher que tinha um espírito que a mantinha doente havia dezoito anos. Ela andava encurvada e de forma alguma podia endireitar-se. Ao vê-la, Jesus chamou-a à frente e lhe disse: "Mulher, você está livre da sua doença". **Então lhe impôs as mãos**; e imediatamente ela se endireitou, e louvava a Deus. (Lucas 13.10-13 – grifo do autor)

Do aperto de mão à imposição de mãos, existe muito poder no toque. O Mestre nos mostra isso quando olha a dor de uma mulher e decide tocá-la para ministrar-lhe cura. Células podem ser fechadas por falta desse contato afetivo tão importante para a saúde emocional e relacional. Deixar para trás a vergonha e estabelecer o hábito do toque nas interações entre as pessoas é garantir relacionamentos saudáveis, pois o toque também traz cura para o corpo e para a alma.

VISÃO

Assim como a audição nos desafia a ir além dos ruídos para "escutar" o que o outro está dizendo, a visão possui aspectos bem mais amplos do que um simples olhar. É preciso **"ver"**, enxergar além dos estímulos visuais, se desejamos relacionamentos menos superficiais. Quando vemos, estamos enxergando além do número de pessoas que frequentam as nossas reuniões, ou além dos aspectos visuais dos lugares. Nós começamos a perceber detalhes não verbais, como comportamentos, rotinas e atitudes recorrentes nas pessoas, que apenas com um olhar atento é possível perceber. É missão do líder identificar padrões de comportamento saudáveis ou não para a célula. Um supervisor de células deve desenvolver, como seu próprio nome aponta, uma "super-visão", uma visão que vai além do olhar comum. Isso significa ter atenção a detalhes que podem melhorar o ambiente e o relacionamento dos membros da célula. Ser um líder de visão ampliada é seguir o exemplo de Jesus ao olhar além da multidão, para onde ninguém está olhando, encontrando oportunidades de levar o Reino às pessoas que se achavam despercebidas, como no caso de Zaqueu.

> Jesus entrou em Jericó, e atravessava a cidade. Havia ali um homem rico chamado Zaqueu, chefe dos publicanos. Ele queria ver quem era Jesus, mas, sendo de pequena estatura, não o conseguia, por causa da multidão. Assim, correu adiante e subiu numa figueira brava para vê-lo, pois Jesus ia passar por ali. Quando Jesus chegou àquele lugar, **olhou para cima** e lhe disse: "Zaqueu, desça depressa. Quero ficar em sua casa hoje". Então ele desceu rapidamente e o recebeu com alegria. (Lucas 19.1-6 – grifo do autor)

Quando Zaqueu percebeu que Jesus o estava vendo quando ninguém sequer o olhava, sentiu-se amado e reconhecido por Deus. O mestre viu Zaqueu se esforçando em meio à multidão para vê-lO. E, como consequência, Cristo o chamou para perto de si e se ofereceu para ficar em sua casa naquele dia. O mestre honrou a atitude de Zaqueu e o fez se sentir percebido. Jesus sabia que algo poderia ser destravado naquele homem se ele soubesse que estava sendo visto e apreciado por Deus. Muitas vezes, o que falta para alguém receber a Jesus em nossas células ou se engajar ainda mais na Igreja é saber que Deus está vendo todas as suas dores e sacrifícios. Como líderes, é nosso papel ver e destacar o que está acontecendo de bom nas células, para que, a partir do que vimos, tenhamos a iniciativa de corrigir em amor aquele pequeno problema que pode se tornar grande no futuro. O sentido da visão nos ajuda a identificar situações não apenas no âmbito emocional, como também no ambiente físico da célula. Podemos nos tornar anfitriões melhores ao darmos atenção às partes físicas da casa que precisam de mais organização, limpeza ou até mesmo reforma. Pode parecer muito superficial, mas a aparência física de um lar impacta diretamente na experiência daqueles que participam de uma célula. Das casas mais luxosas até as mais simples, é essencial que tudo esteja arrumado e limpo para receber os convidados. Isso faz com que qualquer pessoa se sinta querida e honrada por fazer parte daquela célula.

    A atenção para com a higiene do ambiente onde a célula funciona também pode parecer um ponto superficial, porém é algo que precisamos nos atentar. Um dos sentidos que mais nos ajuda na percepção desse fator é o olfato.

OLFATO

O **olfato** é tão importante para o líder quanto qualquer outro sentido. Ele literalmente nos auxilia a detectar problemas relacionados à higiene. Pode acontecer de algum membro da célula não ser cuidadoso o bastante com sua higiene pessoal, o que pode gerar desconforto e até irritabilidade entre os participantes. Essa mesma questão se aplica ao espaço físico da reunião, pois há anfitriões que não dão o devido valor à limpeza ou não se preocupam com cheiros fortes, que podem incomodar aqueles que têm problemas alérgicos ou respiratórios. Esse tipo de problema é algo muito particular, mas que pode definir o quão agradável ou não pode ser a experiência de alguém na célula. Um ambiente com fortes odores ou uma pessoa sem higiene podem desconcentrar todo o grupo, porque o mau cheiro produz desconforto. Como líderes, é nosso trabalho nos posicionar nesses momentos. É difícil, mas fundamental chamar a pessoa para uma conversa e, com amor e respeito, ajudá-la a resolver a situação. Recordo-me de um caso muito peculiar. Em uma das células que eu liderava, havia um jovem que sempre estava com os cabelos mal lavados e a barba mal cortados. O cheiro não era nada agradável. Sem perceber, ele estava virando motivo de chacota para algumas pessoas da igreja. Ao observá-lo melhor, percebi que ele realmente não sabia se cuidar da forma mais básica. Então chamei-o para uma conversa e, como um pai amoroso, eu o instruí sobre higiene pessoal, explicando a ele como é agradável ficar perto de gente limpa e cheirosa. A princípio, ele ficou surpreso e um tanto envergonhado, porém agradeceu muito e aplicou a orientação, dando fim ao problema.

Outro caso que tivemos de enfrentar na igreja foi o de uma pessoa que tinha mau hálito. Ninguém gostava de receber oração ou ficar perto dela. Quando abordei o assunto diretamente, mas com amor, ela também ficou muito surpresa, pois não percebia o seu problema. Mais tarde, descobrimos que, mesmo com os cuidados de higiene bucal, o mau hálito persistia, até que recomendamos que ela procurasse um médico. E foi durante a consulta que ela descobriu um problema no estômago que causava o mau hálito. Depois disso, nós a apoiamos durante todo o tratamento e hoje ela está totalmente curada.

Há inúmeras situações desagradáveis que podem ocorrer em ambientes onde há o convívio de pessoas. Não podemos deixar de tratar, pois não é justo para nenhuma das partes: nem para quem sofre com o mal cheiro nem para quem possui o problema e não sabe. Nosso papel é intervir ajudando as pessoas a tornar o ambiente e o convívio cada vez mais agradáveis.

É muito importante relembrar que a abordagem desse tipo de problema deve ser delicada e com muito amor. É preciso fazê-la de forma particular para que a pessoa não se sinta exposta. E, por mais desagradável que possa parecer, são em momentos assim, de confronto em amor, que ganhamos a confiança e o respeito do discípulo. Focar no potencial da pessoa, e não na dificuldade que ela enfrenta, revela que há muito mais interesse no crescimento integral do que na exposição de seu problema. Mostramos com isso que estamos, como líderes, preocupados e zelosos com o bem-estar e crescimento de cada um.

Pode acreditar que por mais engraçado ou espantoso que sejam essas informações, elas interferem diretamente no andamento do pequeno grupo e no relacionamento das pessoas. Nem sempre o problema da perda de membros tem relação com o lado espiritual, mas sim com o nosso descaso para com o natural. É importante dizer que isso não tem a ver com classe social. Já fui em várias células em periferias, que a organização e a limpeza estavam impecáveis; e em casas de condomínios de luxo, onde o lixo não era retirado há semanas.

As pessoas gostam de ver que o ambiente foi preparado para recebê-las. Isso é uma expressão de apreço pelas visitas.

Por fim, falando sobre gostos, temos o último dos cinco sentidos da supervisão de um líder: o paladar.

PALADAR

O **paladar** é o sentido que está diretamente relacionado à habilidade de reconhecer os gostos. Naturalmente, quando mencionamos esse sentido, pensamos logo no músculo da língua, que é responsável por identificar os gostos das substâncias que a tocam. Entretanto, no contexto das células, o paladar está relacionado à ideia de desenvolvermos a habilidade de reconhecer as preferências (gostos) das pessoas por meio da comunicação falada (língua). Aqui usamos a língua não para saborear, mas para promover conversas agradáveis e edificantes, além de descobrir o gosto pessoal dos membros da célula. O que gostam de comer? Qual é a parte da reunião que mais apreciam? Esses são questionamentos que você pode fazer para conhecer melhor seu liderado. Quando descobrirmos essas e outras peculiaridades também descobrimos os pontos de conexão que podemos explorar para criar afinidade entre os membros do grupo.

Quando comecei a liderar células com diferentes tipos de pessoas, percebi como esse sentido foi importante para eu criar conexão com elas. Porque nem todos tinham as mesmas preferências que eu, porém eu precisava me esforçar para conhecer os gostos de todos. Só assim, conseguiria falar a mesma língua delas. Desenvolver esse sentido exigiu intencionalidade e tempo. Para mim, não foi fácil. Forçou-me a sair da zona de conforto e me impulsionou para conversar mais com as pessoas. Essa experiência foi incrível. Foi um dos períodos em que mais cresci como líder e pessoa. Aprendi a me conectar com todos os tipos de pessoas e famílias. Vi-me vivendo o que Paulo fala em 1 Coríntios 9.

> Tornei-me judeu para os judeus, a fim de ganhar os judeus. Para os que estão debaixo da lei, tornei-me como se estivesse sujeito à lei, (embora eu mesmo não esteja debaixo da lei), a fim de ganhar os que estão debaixo da lei. Para os que estão sem lei, tornei-me como sem lei (embora não esteja livre da lei de Deus, mas sim sob a lei de Cristo), a fim de ganhar os que não têm a lei. Para com os fracos tornei-me fraco, para ganhar os fracos. Tornei-me tudo para com todos, para de alguma forma salvar alguns. Faço tudo isso por causa do evangelho, para ser coparticipante dele. (1 Coríntios 9.20-23)

Por muitos momentos, me forcei a conversar sobre assuntos que não tinha domínio ou interesse, apenas para me conectar com pessoas e trazer a perspectiva do Reino para suas vidas, assim como o apóstolo Paulo, que adaptava a sua linguagem para alcançar as pessoas com o Evangelho.

Recordo-me de um homem cujo esforço da minha parte foi hercúleo para levá-lo até o pequeno grupo. Ele não conhecia a prática do evangelho, embora frequentasse cultos esporadicamente. Ele ia apenas para acompanhar a esposa. Participava das reuniões, mas não interagia, pois era muito tímido. Quando precisávamos fazer as reuniões na garagem de casa, por conta da quantidade de pessoas na célula, ele ficava próximo do portão. Aquilo me chamou muito atenção. Decidi então que uma das minhas missões naquele grupo era me achegar àquele homem e lhe apresentar o Evangelho da salvação, trazendo-o para dentro da célula. Determinado a cumprir essa tarefa, comecei a puxar assunto com ele. Logo, descobri que uma das suas paixões era algo muito estranho para mim: cobras. Isso mesmo! Eu nunca gostei de cobras. Para mim, não era o tipo de coisa que se gasta tempo conversando. Sou do tipo que gosta de falar de futebol, cinema, política, esportes de luta ou música. Contudo, eu estava determinado a me conectar com aquela pessoa e ganhar a sua confiança. Comecei a pesquisar e a me interessar por cobras para conseguir desenvolver um assunto com ele. Com o tempo, fomos criando uma empatia, amizade e até certa confiança, porque ele tinha notado meu esforço para falar sobre uma de suas paixões. Nossas conversas foram evoluindo e permeando novos temas, até que fui ganhando mais liberdade e espaço para ministrar a Palavra de Deus em sua vida. Sem que eu esperasse, em uma conversa sobre propósito de vida, começamos a falar sobre Deus e o Seu propósito para nós. Ao poucos, fui apresentando o plano da salvação para ele durante nossa conversa e, no final do nosso bate-papo, aquele homem, que era totalmente fechado, finalmente entregou por completo sua vida a Cristo. Ele havia entendido que os propósitos de Deus eram maiores do que um simples fato de encher cultos ou construir prédios. Ele compreendeu em seu coração que Jesus era uma pessoa real e que tinha dado a vida por Ele. Hoje, esse homem atua em nossa igreja como um supervisor de pequenos grupos junto comigo e já está formando outros supervisores e líderes. Todo esse processo até à conversão levou mais de seis meses. Mas valeu todo o esforço. Quando se trata de conexão, as coisas nem sempre são rápidas e instantâneas. Precisamos construir e perseverar em situações que nem sempre são do nosso agrado. Contudo, a Palavra fala que nada do que fazemos é em vão (1 Coríntios 15.58) e que a palavra do Senhor jamais volta vazia (Isaías 55.11).

Ainda sobre o paladar, outra estratégia fantástica que podemos utilizar são os nossos dotes culinários. Por diversas vezes, nos conectamos e geramos afinidade com as pessoas através do paladar. Um churrasquinho, um caldo no inverno ou uma sobremesa especial podem atrair a atenção de alguém e abrir espaço para uma boa e saudável conexão. A própria Palavra atesta que a comunhão e o partir do pão faziam parte da expansão da Igreja nos lares.

> E perseveravam na doutrina dos apóstolos, e na comunhão, e no partir do pão, e nas orações. (Atos 2.42 – ARC)

Se quisermos ganhar o coração das pessoas, precisamos nos atentar aos seus gostos. Devemos nos esforçar para conhecer o que elas apreciam e, a partir desse conhecimento, criar estratégias para nos conectar. A comunhão fica mais fluida quando conhecemos e respeitamos as preferências do próximo.

Deus nos deu os cinco sentidos para sentir o mundo ao nosso redor, e nós precisamos usá-los para mostrar com intencionalidade que Deus se importa com cada pessoa.

Quando somos sensíveis às dores e necessidades das pessoas, nós nos movemos em compaixão, amor e poder, assim como Jesus fazia. Ser um líder sensível é ser um líder presente. Minha oração é que a partir de hoje você desenvolva sua audição, tato, visão, olfato e paladar para discernir as necessidades do Corpo de Cristo e as orientações do Espírito Santo para cada situação. Sinta a Igreja e viva o Evangelho no templo e nas casas.

CAPÍTULO NOVE

A IMPORTÂNCIA DO DISCIPULADO NOS PEQUENOS GRUPOS

Momentos antes de Jesus subir aos céus para se sentar à direita do Pai, Ele compartilhou com Seus discípulos a principal estratégia para expandirmos o Reino de Deus na Terra de maneira sustentável: a Grande Comissão. Comissão é uma autorização que uma pessoa investida de autoridade confere a outra ou a um grupo para praticar atos em seu nome. O interessante é que, quando Jesus comissiona os Seus discípulos, Ele, primeiramente, diz que toda autoridade do Céu e da Terra lhe foram dadas (Mateus 28.18). E decide fazê-lo por dois motivos: primeiro para assegurar que não há ninguém com mais autoridade que Ele, e segundo, para deixar claro que Sua comissão é soberana.

Esse momento histórico está registrado nos evangelhos de Marcos e Mateus. Nesses relatos, notamos que o Mestre revela que existem duas ênfases nessa Grande Comissão: anunciar a mensagem do Evangelho por todo o mundo e fazer discípulos de todas as nações, conforme as passagens de Marcos e Mateus:

> E disse-lhes: "Vão pelo mundo todo e preguem o evangelho a todas as pessoas". (Marcos 16.15)

> ... Portanto, vão e façam discípulos de todas as nações, batizando-os em nome do Pai e do Filho e do Espírito Santo, ensinando-os a obedecer a tudo o que eu lhes ordenei. E eu estarei sempre com vocês, até o fim dos tempos. (Mateus 28.19-20).

Ao citar Suas últimas palavras aqui na Terra, Jesus tinha a intenção de ressaltar que o nosso foco deveria ser expandir o Reino de Deus através da pregação do Evangelho e da multiplicação de discípulos. Para Ele, não bastava escolher um dos dois comissionamentos e colocá-lo em prática; era necessário fazer os dois para garantir que o crescimento do Seu governo na Terra fosse sustentável. Porém, entre esses dois enfoques da Grande Comissão, creio que um deles parece ser mais desafiador: fazer discípulos. Anunciar o Reino e pregar a salvação, eles já tinham feito antes, mas fazer discípulos era uma tarefa completamente nova.

> Chamando os Doze para junto de si, enviou-os de dois em dois e deu-lhes autoridade sobre os espíritos imundos. Estas foram as suas instruções: "Não levem nada pelo caminho, a não ser um bordão. Não levem pão, nem saco de viagem, nem dinheiro em seus cintos; calcem sandálias, mas não levem túnica extra; sempre que entrarem numa casa, fiquem ali até partirem; e, se algum povoado não os receber nem os ouvir, sacudam a poeira dos seus pés quando saírem de lá, como testemunho contra eles". Eles saíram e pregaram ao povo que se arrependesse. Expulsavam muitos demônios, ungiam muitos doentes com óleo e os curavam.
> (Marcos 6.7-13)

Aliás, pregar o Evangelho, libertar cativos e curar enfermos era algo que fazia parte da rotina dos discípulos. Não era uma atividade inédita. Ou seja, no caso da Grande Comissão, a ordem era apenas fazer o que já faziam, mas agora com maior intensidade. Contudo, fazer discípulos era algo que eles ainda não tinham praticado no seu dia a dia.

Também não podiam mais contar com a companhia do Mestre para ajudá-los durante o processo. O que me leva a pensar que, talvez, o maior desafio dos discípulos, após a ascensão de Jesus, era justamente o de se tornarem discipuladores.

A princípio, até o dia de Pentecostes, eles não tinham o Espírito Santo para auxiliá-los nessa tarefa. O que quer dizer que só podiam contar com a memória do que era ser discipulado por Cristo. Então, imagine só o quão inseguros eles devem ter ficado quando receberam o comissionamento para fazer discípulos, não só do seu próprio povo, mas de todas as nações. Eu mesmo teria ficado superansioso, pensando em como faria isso sem Jesus. Porém, ainda que os discípulos não pudessem se enxergar executando essa tarefa, Jesus confiou na capacidade deles para cumprir a missão ao lado do Espírito Santo. O Senhor acreditou no potencial que eles tinham para discipular da mesma forma que Ele fazia. Os discípulos não O teriam em carne, mas teriam todos os recursos necessários para aprender a pensar e agir como Ele: Sua Palavra e o poder do Espírito Santo.

Quando Deus nos comissiona, Ele nunca nos envia sem o que precisamos para completar o que Ele nos chamou. Ali, mesmo que parecesse extremamente difícil ou impossível para os discípulos, Jesus não apenas tinha um propósito, como também já tinha entregado a eles tudo o que precisavam. Talvez, aquela tarefa, de imediato, soasse desafiadora demais ou até mesmo sem razão de ser. Mas Jesus tinha um plano. Afinal, não bastava que as pessoas O recebessem como Salvador, elas precisavam recebê-lO como Rei e, por isso, precisavam ser discipuladas na cultura do Reino. Jesus desejava que cada pessoa que fosse alcançada pelo Evangelho pudesse crescer em maturidade espiritual. Ele queria que todos fossem capacitados para manifestar o Reino como Ele fazia. O Mestre desejava que a Sua Igreja pudesse salvar vidas e prepará-las para viverem o seu chamado aqui na Terra.

Em minha opinião, a parte mais fantástica de tudo isso é que essa comissão não é um dom especial reservado apenas para algumas pessoas com o chamado ministerial; é um chamado confiado a todo cristão que busca ter o caráter de Cristo. Porque ser um discípulo de Jesus é isso, crucificarmos a vontade da nossa carne para que a vontade de Cristo reine soberanamente em nosso coração. Contudo, quase não vemos igrejas empenhadas no cumprimento dessa ordem. Poucos são os ministérios que têm como visão não apenas cumprir o ide no sentido de proclamar o Evangelho e salvar vidas, mas levantar discípulos de Cristo que manifestem o Reino de Deus na sociedade. Afinal de contas, não basta apenas apresentarmos o Senhor às pessoas, é necessário que as ajudemos a consolidar o caráter de Deus em suas vidas. Eu acredito que essa questão não se trata de uma falha deliberada das igrejas, mas uma dificuldade coletiva em tentar equilibrar o cumprimento desses dois lados da Grande Comissão: evangelizar e discipular.

O evangelismo garantirá o crescimento quantitativo, mas é o discipulado que assegurará que essa multiplicação aconteça de forma saudável e sustentável. É por esse motivo que julgo necessário abordarmos com mais detalhes os aspectos práticos do discipulado nas páginas finais deste livro. Se não formos capazes de formar bons discípulos e líderes, jamais estaremos prontos para viver novos patamares de liderança em nossa vida, porque não teremos para quem transferir o legado ou mesmo a expansão daquilo que gerarmos. A prova de uma boa liderança é uma boa sucessão. Sem bons sucessores, não podemos multiplicar nossas células e, por consequência, não podemos crescer. Sozinhos temos uma capacidade limitada de receber e administrar o que Deus coloca em nossas mãos. E Ele quer nos dar muitas vidas e recursos para multiplicar. Logo, se quisermos crescer de forma sustentável, precisamos focar em desenvolver discípulos apaixonados por Deus e Sua Igreja para que façam parte do crescimento que o Senhor espera de nós. Mas, afinal, você pode estar se perguntando: O que é um discípulo? Como funciona um discipulado? Qual é o preço a se pagar?

Responderemos a essas e outras perguntas nas próximas páginas. Porém, gostaria de ressaltar desde já que a premissa básica do discipulado ensinado por Jesus Cristo é simples: precisamos **ser** como Cristo, para, então, **fazer** as obras de Cristo. A essência do discipulado não está no que fazemos, mas sim na consciência de quem somos.

O QUE É UM DISCIPULADO?

A palavra discipulado vem de discípulo, que tem sua raiz no termo hebraico *limmud*, que significa "ensino", e no vocábulo grego *mathetes*, que significa "pupilo" ou "seguidor devoto". Na antiguidade, um discípulo era um seguidor ou aprendiz de um mestre. Não era o mesmo que ser um estudante ou aluno no sentido moderno, pois um discípulo se dedicava a ativamente aprender e a imitar as palavras, atos e estilo de vida de seus mestres com a finalidade de ensinar outros. O discipulado, por sua vez, era o nome dado a esse período e processo de desenvolvimento em que o discípulo aprendia a emular o seu mestre, diferente do relacionamento superficial de um professor e um aluno durante um curso ou uma graduação. O relacionamento de um discípulo com seu discipulador era muito mais profundo e íntimo, porque exigia que ambos passassem muito tempo juntos nos mais diversos cenários e situações. Quando digo muito tempo, quero dizer muito tempo mesmo. Dependendo do nível de comprometimento e objetivo estabelecido entre um discípulo e seu mestre, um discipulado poderia durar de meses a anos. Em alguns casos, poderia levar uma vida inteira.

Na Galiléia do tempo de Jesus, os meninos em Israel iniciavam o discipulado rabínico muito jovens. Aos seis anos, já começavam a estudar a Lei de Moíses, a *Torah*. Dentro da cultura judaica, o ensino era tão importante que os próprios rabinos despendiam de tempo para ensinar seus pupilos nas sinagogas. O processo seletivo do discipulado era tão intenso que a partir dos dez anos de idade, quando os jovens concluíam seus estudos na escola primária (*Beit Sefer*), apenas os melhores alunos poderiam prosseguir para a escola secundária (*Beit Talmud*). Os jovens que não conseguiam se destacar eram reprovados, e não podiam avançar para a próxima fase do discipulado. Por conta disso, aqueles que não podiam dar continuidade aos estudos direcionavam suas vidas a aprender a profissão de sua família. Em outras palavras, se o jovem vinha de uma família de pescadores, ele passava a ser instruído no ofício de pescador. Enquanto isso, os alunos que seguiam para a próxima escola e completavam seus estudos, aos 14 anos, já sabiam a *Torah* de cor, e também todos os outros livros do Antigo Testamento. Esses jovens também eram iniciados na tradição da transmissão oral das Escrituras e passavam a discutir as interpretações da Lei nas sinagogas, e os pouquíssimos que alcançavam a elite intelectual de Israel eram chamados *talmidim*, que significa "discípulos".

O conceito de *talmidim* é um dos mais fundamentais do Novo Testamento. Jesus utilizou desse mesmo modelo de ensino para se relacionar com Seus seguidores mais próximos e comprometidos. Ele usou desse método para difundir a essência do caráter de Deus e a cultura do Reino. Seus discípulos passaram muito tempo sendo discipulados por Ele. Eles estavam com Jesus durante dia e noite por três anos e meio, escutando Seus sermões, memorizando Seus ensinamentos, aprofundando o entendimento sobre Suas motivações, imitando Suas práticas, visão e desenvolvendo intimidade. Aprenderam a viver como Jesus vivendo com

Ele. Após a Sua ascensão, os discípulos seguiram o mesmo modelo de discipulado ensinado pelo Mestre: viver o que se era pregado, imitando a Cristo, em palavras e práticas. Diante desse contexto, podemos concluir que o discipulado cristão se trata de um relacionamento de mestre e discípulo, no qual o primeiro reproduz no segundo a essência que carrega de Cristo. Dois corpos não podem ocupar o mesmo espaço simultaneamente. Logo, não é possível carregarmos a nossa vontade e a de Jesus dentro de nós. Não podemos replicar o caráter de Jesus em outra pessoa se não morrermos para nós mesmos. Precisamos dar espaço para o Espírito Santo manifestar Cristo em nós. Assim como Paulo, um dos maiores discipuladores da história, fala no capítulo 3 da sua carta aos Efésios:

> Oro para que, com as suas gloriosas riquezas, ele [o Pai] os fortaleça no íntimo do seu ser com poder, por meio do seu Espírito, para que Cristo habite em seus corações mediante a fé; e oro para que vocês, arraigados e alicerçados em amor, possam, juntamente com todos os santos, compreender a largura, o comprimento, a altura e a profundidade, e conhecer o amor de Cristo que excede todo conhecimento, para que vocês sejam cheios de toda a plenitude de Deus. (Efésios 3.16-19 – grifo do autor)

À vista disso, o discipulado é composto de dois componentes essenciais: a morte de si mesmo e a multiplicação. Isso resume a premissa e a proposta do discipulado apresentado por Jesus. Ele morreu para que pudéssemos reproduzir a sua vida. E Ele quer que cada um de Seus discípulos siga esse exemplo e entenda a revelação de que, para compartilharmos de Sua glória, primeiro temos de compartilhar de Sua morte, de acordo com o que diz em Lucas:

> Jesus dizia a todos: "Se alguém quiser acompanhar-me, negue-se a si mesmo, tome diariamente a sua cruz e siga-me. Pois quem quiser salvar a sua vida a perderá; mas quem perder a vida por minha causa, este a salvará. (Lucas 9.23-24)

O discipulado e o cristianismo sem a morte do "eu" são apenas filosofias abstratas, porque sem Cristo, não há cruz e, por isso, não há morte, e se não há morte, não há a glória da ressurreição para nos redimir e nos transformar em imitadores de Jesus. Morrer para nós mesmos, renovar a nossa mente, é um pré-requisito para nos tornarmos discípulos. Qualquer pessoa que não se empenhe em experimentar essa morte, todos os dias, será incapaz de continuar a multiplicar qualquer coisa, porque Jesus nos ensina que:

> ... se o grão de trigo não cair na terra e não morrer, continuará ele só. Mas se morrer, **dará muito fruto**. (João 12.24 – grifo do autor).

E o fruto tem tudo a ver com o discipulado, pois este não pode existir sem que haja a multiplicação.

Quando temos a revelação de que nenhuma pessoa é um fim em si mesma, adquirimos uma capacidade sem fim para frutificar. Porque passamos a entender que não nascemos para servir a nós mesmos, mas para um propósito maior: servir a Deus e ao próximo. O discipulado nos ajuda a entender esse princípio. Deus poderia ter escolhido qualquer outro método para propagar o Evangelho e estabelecer o Seu Reino. No entanto, Ele optou pelo discipulado porque é através dele que desenvolvemos caráter e cultura na Igreja. Em outras palavras, Ele nos comissionou a fazermos discípulos, porque é a forma mais efetiva de tratarmos nosso caráter, criar comunidade e cultura entre os cristãos em curto espaço de tempo. Quando servimos um homem ou uma mulher de Deus em um discipulado, crescemos em humildade e amadurecemos espiritualmente. Conhecemos os mistérios do Reino tendo comunhão com líderes que podem nos ajudar com sabedoria em nosso crescimento. Além disso, o princípio de prestação de contas a um discipulador nos protege das tentações. Por isso, ouso dizer que o destino eterno do cristianismo depende da nossa resposta para o convite ao discipulado.

O QUE É SER UM DISCÍPULO?

Todos nós procuramos fazer discípulos, mas sabemos que isso é impossível sem que antes sejamos discípulos. Da mesma forma que é necessário ser um médico para poder tratar um doente, precisamos nos certificar de que conhecemos Jesus antes de apresentá-Lo para alguém. Muitas pessoas dizem que ser discípulo de Cristo é estar vivendo totalmente separado para o Reino. Porém, Jesus nos alertou que:

> Nem todo aquele que me diz: 'Senhor, Senhor', entrará no Reino dos céus, mas apenas aquele que faz a vontade de meu Pai que está nos céus. (Mateus 7.21).

Como saber se nós somos realmente discípulos

de Cristo? Como ter certeza de que já morremos para nós mesmos e estamos prontos para multiplicar? A prova inegável de que somos imitadores de Jesus é a expressão do Seu caráter. Se o caráter do Mestre está faltando no discípulo, ele ainda não morreu para si mesmo. E é por meio do capítulo 5 de Gálatas que podemos discernir alguém que tem o caráter de Cristo:

> Mas o fruto do Espírito é amor, alegria, paz, paciência, amabilidade, bondade, fidelidade, mansidão e domínio próprio.
> (Gálatas 5.22-23)

Os frutos do Espírito revelam um caráter tratado por Cristo. Um discípulo emprega o melhor dos seus dons, recursos e tempo para edificar a Igreja e expandir o Reino. Ele abre mão de servir seus próprios interesses para, constantemente, renovar a sua forma de servir e amar a Igreja, como Jesus fazia. E para aprender como o Mestre pensava, agia, e como é o Seu caráter, o discípulo precisa passar tempo em Sua presença, estudando Sua conduta e Suas palavras. Nosso Mestre está assentado nas regiões celestiais com Deus Pai, mas nós temos acesso a Ele por meio da Bíblia e do Espírito Santo.

Um discípulo de verdade vive em busca de conhecer mais o Espírito Santo, porque é Ele quem nos ajuda a entender a vontade de Deus para cada situação. Ter sensibilidade e andar em obediência ao Espírito de Deus é essencial para vivermos um discipulado bem-sucedido. Paralelamente a isso, a busca por mais conhecimento e revelação da Bíblia também contribui para que desenvolvamos um coração e mente como os de Jesus. Isso porque Ele é a Palavra. Ler as Escrituras é ler a pessoa de Jesus. Quando lemos o nosso Mestre, até nas entrelinhas, descobrimos mais segredos sobre Sua identidade e vontade. Como disse acima, parte da prática do discipulado envolve investir tempo na presença do discipulador. Logo, se quisermos nos tornar discípulos de Cristo, necessitamos passar tempo lendo, meditando e orando a Bíblia.

Estes são dois pontos cruciais para quem deseja viver o verdadeiro discipulado de Cristo. Contudo, existem quatro características que podemos identificar em potenciais discípulos. Essas características, unidas à vida de busca e intimidade com o Espírito e a Palavra de Deus, aceleram o desenvolvimento de qualquer pessoa que deseja se tornar um discípulo de Cristo.

Busca por intimidade

Fome por mais intimidade com Deus é o primeiro e mais importante requisito para um discípulo de Cristo. Afinal, como mencionei anteriomente, o discipulado demanda tempo de intimidade com o Mestre. Esse tipo de fome é um poderoso indicativo de que um cristão está apto para entrar em um discipulado. Esse desejo por mais de Deus é algo que nunca pode ser perdido, porque é a verdadeira motivação de um discípulo de Cristo. Aqueles que buscam por isso são pessoas que estão mais focadas em ser do que fazer. Quem tem segurança na sua identidade possui maior capacidade para amar e servir ao próximo, porque não sofre com o medo dos homens ou das situações adversas. Por esse motivo, estão sempre disponíveis para amar mais e servir mais. Depois de algum tempo, entendi um pouco mais sobre como desenvolver intimidade com Deus, o que fez com que muitas pessoas começassem a me procurar para ensiná-las a fazer isso em seu dia a dia. Boa parte dos convites que recebo para ministrar em conferências, escolas e retiros possuem o intuito de capacitar igrejas para alcançarem novos níveis de intimidade com o Senhor.

Estar disponível

O nível de disponibilidade é o segundo indicativo para distinguir um candidato ao discipulado. Afinal, nós sempre reservamos tempo para aquilo que julgamos ser importante. Os discípulos deixaram seus empregos e ocupações para estarem com Jesus. A disponibilidade deles provou o quão comprometidos eles estavam. Logo, uma pessoa que deseja ser discipulada deve ter disponibilidade para aprender e servir ao lado do seu discipulador. Sua disponibilidade revelará o seu coração de servo e comunicará a importância que o relacionamento com Jesus e com o discipulador tem em sua vida.

Ainda hoje me sinto honrado por ter tido a oportunidade de liderar e acompanhar o desenvolvimento de pessoas das mais variadas esferas da sociedade. Pessoas extremamente ocupadas, com diferentes perspectivas, agendas, dons e chamados, mas que ainda assim conseguiam separar tempo para o discipulado. Já discipulei médicos, empreendedores, dentistas, advogados, secretários, engenheiros, mecânicos, diretores, mestre de obras, costureiras, fazendeiros, bancários, donas de buffet, lojistas, cabelereiros, comerciantes e estudantes. Nenhum deles permitiu que a sua ocupação fosse uma desculpa para não cumprir o seu chamado. Em todo os casos, não importava a dificuldade, todos se superavam para se mostrar presentes no serviço da Igreja. Eles sempre se faziam disponíveis para servir e se desenvolver.

Ter um coração humilde e ensinável

O discipulado cristão, bem como a nossa caminhada com Cristo, exige de nós um coração humilde e ensinável. Um coração que é descomplicado e resiliente. Pessoas com esse tipo de coração são as melhores para se discipular porque aceitam serem confrontadas onde precisam. Elas têm conciência de que não sabem de todas as coisas e que possuem tanto pontos fortes como fracos. Elas reconhecem suas limitações e falhas de caráter, mas se comprometem com seu desenvolvimento. Por ter essa consciência, também entendem que precisam de pessoas mais sábias para confrontar seus erros. O objetivo do confronto é gerar saúde, não ofensa. Ao reconhecer um erro, estamos identificando onde existe possiblidade de melhora. Pessoas de coração ensinável não se permitem ficar ofendidas. Elas são tão seguras de que podem melhorar e aprender mais, que não se prendem às suas falhas. Elas se empenham em entender como podem retirar o melhor de cada conversa e experiência, independentemente se forem positivas ou negativas. Esse é o coração do verdadeiro discípulo. Ele entende que, às vezes, crescimento implica em dor. E mesmo assim, não desiste. Ele abraça o processo porque sabe que o sofrimento é passageiro, mas a glória é eterna. Essa mentalidade garante ao discipulador a valorização do seu tempo e a certeza de que seu discípulo sempre estará aberto para ser corrigido.

O discipulador só pode atuar na vida de uma pessoa se ela der permissão para que ele a confronte. A pessoa de coração ensinável sempre está aberta, mesmo que isso a ofenda no começo. Um coração humilde e ensinável nos garante que teremos espaço para conversarmos sobre atitudes, compartilhar dificuldades e falar abertamente de falhas de caráter. E o discipulado implica em intimidade para tratar desses assuntos delicados. Por isso, é essencial que antes que ele comece, o discípulo avalie se estará disposto a ser confrontado por alguém mais maduro na fé, que toque em todos os âmbitos possíveis (espiritual, social, conjugal, financeiro, profissional, acadêmico, saúde física e emocional).

Certa vez em um discipulado, notei que um jovem sempre respondia minhas perguntas dizendo que estava tudo bem. Nunca tinha dificuldades ou problemas para compartilhar. E, apesar de achar isso estranho, não forcei uma conversa para descobrir se tinha algo errado. Como discipulador, eu trabalhei com aquilo que o discípulo me dava. Então, aparentemente, tudo estava bem, até que outros discípulos meus, com muito carinho e discrição, começaram compartilhar que esse discípulo estava tendo muito problema com mentira. Agradeci a preocupação deles para com esse jovem, colega deles, e disse que ia falar com ele individualmente. Pedi que fossem discretos quanto a isso e orassem pelo colega discípulo. No meu tempo de intimidade com o Espírito Santo, orei e pedi discernimento acerca de como confrontar aquele jovem em amor. O Senhor foi me dando entendimento de que eu deveria confrontá-lo para que ele se comprometesse a ter atitudes básicas de um discípulo, como prestar contas dos seus erros, arrepender-se e pedir perdão para aqueles que ele prejudicou.

No dia seguinte, marquei uma conversa com o jovem compartilhando que precisava conversar sobre alguns pontos que havia enxergado. Disse que poderíamos conversar para melhorar nosso discipulado e falar de dicas práticas para melhorar o relacionamento dele com as outras pessoas. Chegado o momento do encontro, comecei a falar de forma firme e amorosa com ele. Compartilhei que estava me sentindo muito grato pelo privilégio de poder discipulá-lo, porque sabia que Deus tinha colocado algo precioso dentro dele. Mas também disse que seria necessário confrontá-lo em alguns comportamentos que estavam impedindo que ele fosse a melhor versão dele mesmo. Sinalizei que só poderíamos trabalhar se, a partir daquele momento, ele me desse permissão para ministrar em sua vida. Então, perguntei: "Posso elevar o padrão do nosso discipulado? Posso falar o que eu enxergo na sua vida hoje?". E ele respondeu que sim. Perguntei mais uma vez: "Você me dá liberdade para expor e discutir pontos que podem estar bloqueando o seu crescimento?". Ele confirmou que sim. Então, expliquei que, a partir daquele momento, falaria o que eu achava do comportamento dele com base no que estava vendo e escutando. Com muito amor e firmeza, disse que havia identificado em sua vida um problema sério com a mentira. Mencionei, inclusive, que já sabia de algumas das mentiras que ele vinha contando há um tempo. Disse que aquilo não fazia parte do estilo de vida de um cristão, porque Cristo é a verdade encarnada. Por isso, toda vez que mentimos, estamos agindo contra a verdade e, por consequência, contra Cristo. Comentei também que ter atitudes que são antiverdade eram o mesmo que viver debaixo do espírito do anticristo. Enfatizei que se ele queria viver com Jesus, precisava se arrepender genuinamente e pedir perdão para Deus e para as pessoas que havia prejudicado. Ele precisava contar a verdade para ser liberto.

Depois disso, dei espaço para ele falar o que pensava e sentia sobre tudo aquilo. Mas ele não conseguia formular uma resposta. Estava emocionado e chocado com tudo aquilo que tinha escutado. Naquela hora, percebi que o Espírito Santo já estava operando em seu coração. A verdade de Deus o estava libertando e o Senhor o estava convencendo de que era preciso mudar.

Quando ele finalmente deu sinal de que estava melhor, começou a compartilhar o que estava sentindo. Ele disse que precisava ter ouvido tudo aquilo. Falou que não queria mais ter compromisso com mentira e que estava arrependido, porque era algo que ofendia muito o coração de Deus. Senti verdade em suas palavras. Então, expliquei que eu estava ali não só para confrontá-lo, mas para encorajá-lo em todo o processo de libertação do hábito da mentira. Com firmeza, eu o incentivei a buscar mais intimidade com o Espírito do Senhor, porque Ele era o Espírito da Verdade. Perguntei se ele queria que o Espírito Santo o libertasse disso a partir daquele dia, e ele disse que sim. Oramos juntos, como se fôssemos pai e filho, e pude sentir o amor de Deus preenchendo o lugar em que estávamos. O Espírito Santo estava lá conosco, tocando aquele rapaz. Ao final de tudo, perguntei: "E agora, como você se sente?". E ele respondeu: "Livre para contar a verdade e pedir perdão para as pessoas que ofendi".

O que quero mostrar através desse testemunho é que não podemos discipular ou sermos discipulados se não tivermos um coração humilde e ensinável. Só assim estaremos prontos para melhorar com a ajuda do Espírito Santo e de nossos líderes.

Desejar fazer discípulos

Como mencionei, o discipulado busca consolidar o caráter de Cristo em nós para que o reproduzamos em outras pessoas à medida que elas se abrirem para a mudança. O fim do discipulado é formar não apenas novos discípulos, mas também novos discipuladores. O atestado de sucesso de um discipulado é a multiplicação. Porque um bom discípulo é aquele que aprende a reproduzir o que há de bom em seu discipulador. Um bom discípulo consegue ensinar o que aprendeu para outras pessoas. Por isso, o último indicativo que temos para saber se uma pessoa está apta ou não para participar de um discipulado é o desejo de fazer discípulos também. Em outras palavras, é o desejo de ser um cristão tão frutífero quando o seu discipulador.

É importante destacar que esse desejo deve ser focado em qualidade mais do que em quantidade. Todo cristão precisa querer levantar discípulos maduros, independentemente de quantos serão levantados. Para alguns, Deus dará a capacidade para discipular dezenas, enquanto que para outros serão centenas. A quantidade não importa, pois o propósito só será cumprido se todos os discípulos se tornarem parecidos com Jesus. Se todos cumprirem esse objetivo, mais pessoas serão alcançadas pelo Evangelho e mais discípulos serão levantados.

Estas são as quatro qualidades que julgo serem inegociáveis para iniciarmos um discipulado saudável e com propósito. Ao nos atentarmos para esses pontos, antes de começarmos qualquer processo de discipulado, estaremos protegendo a nós mesmos e aos discípulos. Além disso, esses sinais alinharão as expectativas de todos os envolvidos e facilitarão o discipulado na prática.

DISCIPULADO UM A UM NA PRÁTICA

A prática de um discipulado acontece no pastoreio

diário, no acompanhamento do desenvolvimento pessoal de diversas áreas da vida do discípulo. À princípio, o discipulado pode parecer algo extremante complexo, mas, na verdade, ele é algo muito mais simples do que imaginamos. O que ele exige de nós é intencionalidade. Hoje em dia, são raríssimos os casos em que um discípulo e um discipulador podem estar o tempo todo juntos. Na realidade, as pessoas, em geral, não têm tido tempo para cultivar relacionamento fisicamente como anos atrás. Por isso, precisamos ser intencionais em aproveitar todos os momentos que passamos juntos.

Sempre que se reunir com um discípulo, promova conversas sobre coisas da vida pessoal dele, com perguntas que abordem como ele tem aplicado o que foi ensinado em outros encontros de discipulado. Pergunte como ele tem percebido o seu desenvolvimento no corpo, alma e espírito. Cheque se ele está se sentindo realizado ou pleno física, intelectual, emocional, financeira e espiritualmente. Isso ajudará você a identificar o que precisa ser celebrado ou confrontado na vida desse discípulo.

Questione como ele tem lidado com tentações, padrões de pensamento antigos, como tem enfrentado desafios no trabalho, como tem tirado o tempo dele com Deus, como tem se empenhado para servir ao próximo e manifestar o poder do

Espírito Santo. Esta primeira parte do discipulado se refere a tratar de percepções e necessidades pessoais do discípulo. Em um segundo momento, trate de conversar sobre como está o desenvolvimento na área familiar e social. Nesta etapa, aborde questões sobre a vida conjugal, vida de solteiro, vida sexual, e o relacionamento com os filhos. Caso não tenha filhos, pergunte sobre o que Deus tem colocado em seu coração em relação a esse assunto. Confira se o discípulo tem tirado tempo para a família e se estão buscando a Deus juntos. A intenção não é expor ou envergonhar o discípulo, mas promover conversas mais sérias e significativas, e instigar questionamentos que o façam se perguntar se está realmente dando o seu melhor para viver os planos de Deus. Isso tudo ajudará você a aconselhar o discípulo de maneira integral. Porém, não se esqueça de que é indispensável abordar este tema com muito amor e sigilo. De preferência, em um ambiente de segurança, para que o seu discípulo possa compartilhar tudo o que está em seu coração sem medo de ser punido ou julgado.

Por fim, em sua conversa, é preciso tratar também da área ministerial e profissional. Afinal, o seu discípulo precisa crescer naquilo que dedica maior parte do seu tempo. Aqui, o discipulador tratará de questões relacionadas a expectativas e desafios que o discípulo pode estar enfrentando no exercício do seu trabalho ou ministério. Pergunte como tem sido o seu desenvolvimento profissional e ministerial. Cheque se eles estão se realizando de acordo com o papel que está desempenhando na sua área de atuação e na sociedade. Verifique se ele está buscando formar discípulos nessa esfera de influência. Pergunte se ele está exercendo a sua liderança para edificar pessoas.

E lembre-se: nas reuniões ou em qualquer outro momento, o discipulador não pode se confundir com um psicólogo. O propósito do discipulador não é fazer das suas conversas um divã, mas usar desses momentos para criar conexão e passar estratégias práticas de desenvolvimento. Devemos orientar o discípulo sobre como desenvolver o caráter de Cristo em todas as áreas discutidas, sempre trabalhando com os materiais (informações) que são compartilhados durante a conversa. Gostaria de deixar claro que o papel do discipulador não é resolver os problemas do discípulo, mas auxiliá-lo a encontrar a solução que existe nele e em Cristo. Sempre precisamos sair de uma reunião de discipulado com uma lista de estratégias e atitudes a serem colocadas em prática. Do contrário, a reunião terá sido inútil. O discipulado precisa gerar ações que desperte o discípulo a sair da zona de conforto.

Se estas áreas forem trabalhadas com confronto em amor, encorajamento, foco e honra, o discipulado será poderoso. O preço do discipulado é caro, mas vale a pena ser pago.

O PREÇO DO DISCIPULADO

> Uma grande multidão ia acompanhando Jesus; este, voltando-se para ela, disse: "Se alguém vem a mim e ama o seu pai, sua mãe, sua mulher, seus filhos, seus irmãos e irmãs, e até sua própria vida mais do que a mim, não pode ser meu discípulo. E aquele que não carrega sua cruz e não me segue não pode ser meu discípulo. "Qual de vocês, se quiser construir uma torre, primeiro não se assenta e calcula o preço, para ver se tem dinheiro suficiente para completá-la? Pois, se lançar o alicerce e não for capaz de terminá-la, todos os que a virem rirão dele, dizendo: 'Este homem começou a construir e não foi capaz de terminar'".
> (Lucas 14.25-30)

Acredito que esse é o texto que melhor comunica a importância de calcularmos o preço do discipulado. Nessa passagem, Jesus fala acerca do quão importante é medirmos o custo daquilo que queremos edificar. Ninguém faz uma viagem internacional, abre uma empresa ou decide mudar de casa, sem o mínimo de planejamento. Seja qual for o projeto que tivermos em nosso coração, nós sempre precisamos calcular o que estamos dispostos a abrir mão para realizar o que nos propondo. O mesmo vale para as coisas do Reino. O Mestre está falando que se uma pessoa não calcular o custo daquilo que ela vai começar a construir, no meio do caminho ela irá abandonar. Quantas vezes você já começou a cuidar de uma pessoa, investiu nela, gerou a expectativa de que ela frutificaria como discípulo e, no meio do caminho, ela parou? Isso acontece porque tanto o discípulo como discipulador não deixaram claro o preço e a expectativa do discipulado. Se alguém deseja ser discípulo de Cristo, precisa calcular o custo de uma vida que carrega a cruz. Muitos líderes e discipuladores não percebem, mas estão investindo em pessoas que não fizeram a conta, e, por isso, se frustram. O preço do discipulado é a morte voluntária dos nossos desejos para cultivar os desejos de Deus para nossa vida, família, igreja e nação. A princípio, será doloroso, mas os pensamentos e promessas que o Senhor tem a nosso respeito serão sempre maiores do que os nossos planos.

Ao final deste capítulo, diante de tudo o que discutimos até aqui, eu faço a você um convite à reflexão. Avalie se você tem sido, de fato, um discípulo e um discipulador em sua igreja e célula. Veja se, verdadeiramente, você tem tido atitudes de discípulo ou se ainda faz parte da multidão de convertidos. Trabalhe esta questão à luz do que o Espírito Santo lhe disser. Ao encontrar sua resposta e perceber que está em obediência àquilo que o Senhor o revelou, certamente você estará preparado para experimentar a multiplicação. É algo totalmente condicional. Se você ouvir o Espírito Santo, Ele fará as perguntas que você não quer fazer a si mesmo, mas que precisam ser feitas para que você se torne um verdadeiro discípulo de Cristo. Ele o convidará a carregar a Sua cruz. Então, nesse período de edificação, você cuidará bem não apenas de si mesmo, mas de pessoas que o Senhor a confiará a você. Assim, aos poucos, você se tornará um discipulador e multiplicará Cristo em outras vidas, através do amor e cuidado. E nada disso acontecerá por força ou violência, mas pelo Espírito de Deus, o nosso maior discipulador.

O nosso "sim" para sermos discípulos de Cristo pode nos custar tudo que somos e temos hoje, assim como custou aos discípulos no Novo Testamento. Porém, se estivermos dispostos a pagar o preço de morrermos para nós mesmos, colheremos os frutos do nosso sacrifício e seremos radicalmente transformados ao ponto de mudar o futuro do mundo. A nossa resposta ao discipulado pode, literalmente, mudar o futuro de famílias, ministérios, empresas, cidades e nações. O discipulado é a continuação do processo de salvação do cristão, e é o único método sustentável para expandirmos a Igreja de Cristo no templo e nas casas até o retorno do nosso Rei Jesus.

CONCLUSÃO

ZONA DE TRANSFERÊNCIA

Chegamos ao final da nossa incrível jornada pelo universo do templo e das casas. Celebro este momento com você, que se dedicou à leitura desta obra inspirada pelo Espírito Santo. Muito obrigado por ter investido seu tempo e energia para ler um pouco da história que Deus tem escrito através da Primeira Igreja Batista de Marília e do meu ministério. É uma honra para mim partilhar aquilo que Deus tem confiado a nós. Este livro não foi sobre nós, mas sobre Ele e o Seu amor pela Igreja. Acredito que grande parte das revelações, relatos bíblicos e testemunhos registrados nestas páginas serviu como uma série de convites instigantes para que você aceitasse o chamado do Reino de Deus através dos lares. Tenho a convicção de que seus olhos foram abertos para enxergar a perspectiva do Senhor a respeito de Sua Igreja.

Mesmo que não tenha percebido, você já está diferente de quando começou a ler este livro. Porque sempre que nos colocamos à disposição para fazer algo que gere o crescimento do nosso relacionamento com Deus, o mundo espiritual se movimenta em nosso favor, ainda que esse algo seja uma leitura. Cada página lida pode ser considerada como um passo dado para mais perto de Deus. E enquanto caminhamos em Sua direção e nos aproximarmos d'Ele, Ele também se move para se achegar a nós. É o que este versículo de Tiago nos revela:

> Aproximem-se de Deus, e ele se aproximará de vocês.
> (Tiago 4.8)

Hoje, você está terminando uma pequena corrida espiritual. E, ao final de qualquer competição, existe um prêmio, assim como o apóstolo Paulo diz em sua primeira carta aos coríntios:

> Vocês não sabem que dentre todos os que correm no estádio, apenas um ganha o prêmio? Corram de tal modo que alcancem o prêmio. (1 Coríntios 9.24)

Quando nos dispomos a correr as corridas espirituais que nos são propostas, obviamente não de maneira leviana, mas de acordo com o padrão bíblico, temos a garantia de um prêmio que não é passageiro, mas eterno. E era isso o que Paulo havia mencionado aos discípulos da cidade de Corinto. Isso significa que o tempo investido na sua capacitação espiritual por meio da leitura deste livro resultou em um investimento na eternidade. O prêmio conquistado através desta obra, portanto, não é apenas conhecimento ou estratégias para expandir o Reino de Deus no templo e nas casas, mas também unção para cumprir essa nobre missão. Aqui, neste texto de encerramento, faço das palavras o veículo para compartilhar com você a mesma unção que está sobre a minha vida para liderar e multiplicar as células do Corpo de Cristo.

Eu já estive aí onde você está, ouvindo e assistindo pregações, orando e jejuando por mais unção, lendo livros sobre o avanço da Igreja e meios para cumprir a Grande Comissão. Entretanto, apenas no dia em que decidi cultivar a unção que o Senhor já estava gerando em minha vida foi quando comecei a acessar as oportunidades para servir a Deus no mundo.

De capítulo em capítulo, você foi ganhando velocidade e, finalmente, chegou até aqui. Você terminou esta corrida não num pódio, mas em uma zona de transferência, onde eu vou liberar sobre você tudo que Deus depositou em mim. E eu fico feliz em fazê-lo porque sei que ao fazer isso estarei multiplicando o que Ele me confiou. Mais uma vez, muito obrigado por se dedicar a este livro e a se colocar à disposição para servir o Corpo de Cristo com a sua vida! Saiba que o mundo e o futuro de toda humanidade não serão mais os mesmos porque você está dizendo "sim" para o Senhor hoje! E isto é o que eu oro sobre sua vida:

Pai, peço que o Teu Espírito Santo vá de encontro à fome e à sede da pessoa que está segurando este livro e lendo estas palavras. Que o coração dela comece a queimar intensamente como um sinal sobrenatural de que o Senhor está aumentando a paixão dela pela Tua Igreja. Confirme agora, através de uma alegria sobrenatural, que o Teu Espírito está sobre ela. Declaro que ela está sendo cheia do Espírito Santo.

Capacite-a e revele mais conhecimento e sabedoria para cumprir o ide da melhor forma como um representante do Céu nesta Terra. Eu a abençoo, em nome de Jesus, com a bênção da multiplicação que está sobre mim e o nosso ministério.

Peço especialmente pelo favor do Senhor sobre a casa, a cidade e a comunidade dessa pessoa, em nome de Jesus. Que a presença de Jesus seja manifestada em cada célula do corpo dela e da porção do Corpo de Cristo da qual ela faz parte. Multiplica, Senhor, o Teu poder e a Tua sabedoria na vida dessa liderança.

Venha com o Teu amor e fogo sobre este leitor, que está focado em dar a sua vida por Ti! Em nome Jesus, eu oro para que seja assim. Amém!